脱西洋の民主主義へ

多様性・負の自由・直接民主主義

Jun Kitahara
北原 惇

花伝社

脱西洋の民主主義へ——多様性・負の自由・直接民主主義——◆目次

まえがき　7
本書の前提、仮定、主張　9

I　多様性と負の自由を無視する「自由、平等、民主主義」

第1章　人間の多様性　12
他人と共に社会に住むという前提　13　人間は動物の種であるという前提　13　生物界の基準と逸脱　16
人間に見られる三種類の基準と逸脱　17　人類の生存に役立つ逸脱　19　時と場合で変わる文化の基準　21　三種類の基準と逸脱の相違　22　データバンクとして機能する多様性　24　本書の政治と社会に関する考え方　26

第2章　正の自由と負の自由　28
自由主義の起源　28　労働者階級の出現と自由　30　政治思想と社会思想に不可欠な自由の概念　32　正の自由と負の自由　34　負の自由の優先　36　負の自由が侵害された場合　37　正と負の自由の多様性　38
文化の相対性　40　負の自由の観点からの文化の評価　42　負の自由の重要さを主張するには　43

第3章　自由とは何か、平等とは何か　46

人間の多様性を無視する西洋文明 47　「自由」の意味の混乱 49　侵略と人種主義を正当化する正の自由 50　正と負の自由と「寛容精神」の主張 52　多様性と「平等」 53　条件の平等と手段の平等 55
相手次第の平等 56　結果の平等 58　条件と手段の平等と多様性 59　結果の平等と多様性 62　結果の平等の必要性 63

第4章　民主主義とは何か 66

多様性を無視する民主主義 66　足切りの問題 68　二党独裁の全体主義 69　有権者の影響力 70　政党が強制する全体主義 71　多数決の悪 72　信じられないお金の浪費 74　バラ色に描かれる「民主主義」 75　「民主主義」維持の手段 77　一方的な悪者呼ばわり 78　被告よりも劣る人格の無視 79　公式の討論から締め出す偏向性 80　カルテルを組む既成の大政党 82　「右翼」と「左翼」が出現した理由 83　「右翼」と「左翼」の意味 85　「右翼」そのものである「左翼」 86　日本特有の「右翼」と「左翼」 88　西洋の悪 90　朝鮮半島や中国との関係 92　中国軍の日本兵捕虜虐待 93

第5章　「自由、平等、民主主義」の理想と現実 95

西洋文明の本音 96　侵略主義 98　植民主義 99　人種主義 100　官僚主義、福祉主義、商業主義の三本柱 102　官僚主義 103　騒音公害に対する苦情の無視 105　福祉主義 107　商業主義 107　成熟した資本主義社会の特徴 109

II　個人を尊重する政治の方法

第6章　二段階方式の投票、政党の廃止、直接民主主義　114
「過半数」の原則の改善案 115　二段階の投票方式 116　二段階方式の利点 118　投票の重要さに対応できる二段階方式 120　国会での審議 121　憲法改正に二段階方式を適用した場合 123　政党政治の問題点 124　人間の多様性を無視する政党 125　政党政治を回避する可能性 126　国民投票と住民投票 128　直接民主主義と議会政治の並立 129　官僚組織の必要性 130　直接民主主義が適応できる例——政治家の報酬 131　財源を操作できる政治家 133　二段階方式による政治家の報酬決定 134

第7章　政治家の審査、負の投票、負の所得税、負の自由を守る法律　136
立候補者についての情報公開の必要性 137　負の投票 139　最低水準の生活の保障 140　フリードマンの「負の所得税」案 142　税金の使い道の指定 144　大衆文化、下位文化、対抗文化 146　政治思想と宗教の自由 148　法律の存在意義 150

第8章　葛藤を回避できる社会　153
均一な社会の利点と欠点 154　レバノンと中国の教訓 156　スイスが示す教訓 157　スイスが成功した理

由 159　カントンの実態 160　住民社会の自治 162　世界が学ぶべきスイス人の現実性 164　ベルギーの教訓 166　不幸な夫婦のようなベルギー 167　スターリニズムの教訓 168　「多文化主義」の考えが発生した理由 170　多文化から発生する社会問題 172　日本での「多文化主義」の導入 174　民族意識の根底にあるもの 176　言語の重要性 178

第9章　多文化社会で発生する現実的な問題 180

より深刻になる多文化の問題 181　異なった価値観の正面衝突 183　文化の相対性と負の自由の対立 185　ブルカ（ニカブ）を禁止するかどうか 186　対抗文化の問題 187　下位文化の考えを利用する対抗文化 189　矛盾する「多文化社会」の思想 190　分割して可能になる多様性の利点 192　西洋に責任があるアフリカの問題 194　小国だけからなる世界の形成 196　世界経済の観点から見た問題点 197

第10章　個人の尊厳を最優先にする社会の特徴と利点 199

弱者のための社会 199　政治家と公務員を公僕にする社会 200　公僕の意識を持たせる直接民主主義 202　傲慢な職員と接触する必要のない負の所得税 204　国民参加と住民参加を重要視する社会 204　国内の対立の危険を減少させる社会 207　各個人が責任をもつ社会 209　各個人を重要視する社会の問題点 211　世論操作の危険性 212　インターネットの可能性 213　ビジネスの世界を見習ってもらいたい政治の世界 215　役に立たない国連 217　役に立たない国際法 218　商法のレベルまで質が向上しなければならな

い国際法　219
あとがき　221
引用ならびに参考文献　223
文献解説　225

まえがき

人間は誠にふしぎな動物である。極度に抽象的な概念を狂信的に信じ、その信条のために意見の異なる他人と口論したり、喧嘩をしたり、殴り合いをしたり、さらには殺し合いをしたりする。この現象は二人の人間の間だけでなく、複数の人間、さらには二つの国の間にも見られる。これが世界的になると、いくつかの国が一つの集団を形成し、これに反対する別の国々の集団と紛争をおこしたり戦争をしたりする。ここで最も悲劇的なことは、または見方によっては最も喜劇的なことは、問題の中心にある極度に抽象的な概念が何であるか、お互いによく理解していない点である。

第一次世界大戦後の一九二九年に発行されて世界中で広く読まれ、ナチスによって焼かれてしまったエーリッヒ・マリア・レマルク著の『西部戦線異状なし』という反戦小説がある。この小説の中で何のために戦争をしているのか理解できない兵士たちが哲学的な会話をし、唯名論的な考えに到達し、抽象的な思想のために戦争をするのはばかばかしいと考える。この貴重な結論は文化や文明の違いを超越して考えなければならない教訓である。

現在の日本や世界では、「自由、平等、民主主義」という価値観をたえず聞かされる。これは政治家ばかりではなく、マスメディアの人たち、そして我々一般市民も常に口にする。筆者の印象ではここには重大な混乱がある。現実には少しも自由ではない場合が「自由」であると見なされ、少しも平等でないのに「平等」であると考えられ、少しも民主主義ではない状態が「民主主義」であると信じられている。この混乱は我々がこのような抽象的な概念をお互いによく考えずに用い、お互いに何を意味しているのかを理解していないために起こる。しかもこれよりもさらに重大な問題は我々がこれにまったく気がついていないことである。

筆者は人間が生きることとは個人の存在から始まるものと仮定する。個人は社会とか国のために存在するのではなく、個人があって初めて社会や国が存在するものとする。つまり個人は社会や国に優先しなければならない。個人の最大関心事は衣食住である。そして生きていることから得られる満足感である。これをできるだけ補助することができるのが筆者の考える望ましい社会であり国である。社会も国も個人の存在を満足させる二次的な存在でなければならない。それには社会の基本である人間関係を現実的に考え、現実的な解決策にたどり着く努力をすればよい。その後で抽象的なむずかしいことを考えたければ考えたらよい。本書はこの政治哲学と社会哲学にもとづいて書かれたものである。

本書を書くにあたり、リチャード・デーラー、ローゲル・ドルニエ両氏のお知恵を拝借することができた。両博士に心から感謝したい。そして本書で取り上げられている事項とその議論の説明に耳を傾け、心理学者の立場から感想を述べてくれた妻に本書を捧げる。

本書の前提、仮定、主張

前提1 人間はたった一人ではなく他人と共に社会の中で生きてゆくものとする。
前提2 人間は生物の種である。
仮定1 人間は生物であり、動物であり、霊長類の種であるので、生物の種としてDNAに組みこまれている人間の生物的背景を無視せず、それを考慮した社会を形成するのが望ましい。
仮定2 人間の生物的背景は進化の過程から発生したもので、人間社会の観点からすると必ずしも論理的に統一されたものではなく、矛盾が発生する可能性を含んでいる。
仮定3 人間のDNAは絶対不変なものではなく、遺伝子工学などの技法によって操作できる。従って政治哲学、社会思想、大衆などの圧力によって人間が遺伝子工学的に操作される可能性がある。
仮定4 人間を含め、すべての生物の種は基準と逸脱という、二つの矛盾した特徴を保持している。

主張1　人類の生物的、心理的、文化的な多様性を積極的に評価し、この原則にもとづいた社会を構築し、この原則にもとづいた政治を実行すべきである。

仮定5　「自由」という概念は、政治思想、社会思想の構築に不可欠である。

主張2　正の自由も負の自由も可能な限り認められるべきであるが、正の自由が負の自由を侵害すると判断された場合には、そのような正の自由は制限されるべきである。

主張2・1　正の自由による負の自由の侵害が回避できない場合には、その正の自由は禁止されなければならない。

主張2・2　文化の相対性の原則は保持されるべきであるが、ある文化なり文明なりが他の文化や文明の負の自由を侵害すると認められる場合には相対性の原則は適応されてはならない。

仮定6　考えられる他の条件すべてが同じであった場合、人間の多様性と人数は相関関係にあり、人数が多いほど多様性が増加し、人数が少ないほど多様性が減少する傾向にある。

主張3　社会の単位は多様性が比較的に限定されていることが望ましい。

I　多様性と負の自由を無視する「自由、平等、民主主義」

第1章　人間の多様性

一人の人間が生きてゆく場合、色々な選択肢が考えられる。最初に考えられる二つの選択肢は、①他人と社会的な接触なしに全く一人で生きてゆくか、または、②他人と一緒に社会の一員として生きてゆくか、のどちらを選ぶかである。一人だけで生きてゆくにしても、無人島や人里離れた山奥で他人をまったく見ることなしに存在する場合もあるし、生きてゆくために最低限度必要な食糧や生活用品を買ったり、物々交換したりするために他人と接触はするものの、それ以上の接触はしない、という可能性も考えられる。

一人だけで生きてゆくのはあらゆる点でむずかしいかもしれないが、その反面、利点もある。人間関係のいやらしさ、わずらわしさを避けることができ、親戚付合い、近所付合い、職場での上司・同僚・部下などとの関係、いじめ、いやがらせ、お歳暮、お中元、年賀状、冠婚葬祭など、面倒なことが多すぎる現在の日本の社会に不満をもっている人にとっては真剣に考えてみる選択肢であるかもしれない。一度世間を離れて世捨て人になってしまえば世間体などにこだわる必要もなく、いくら悪口や陰口を言われても本人の耳には届かず、好きなように生きてゆける。

他人と共に社会に住むという前提

しかしほとんどの人にとって一人で暮らしてゆくのは事実上不可能かもしれない。一人でいることが堪えられない人間も存在する。他人と一緒に社会の中で生活していれば問題もあるものの、困った時には助けてもらえるかもしれないし、話し相手や相談相手も見つかるかもしれない。このような人間関係に楽しみや喜びを見出す場合もある。一人の他人と共に夫婦の関係、またはそれに似たような関係をもって生きてゆく場合、別の種類の楽しみや喜びを見出すこともできる。本書は他人と共に社会の中で生きてゆくことを前提とし、どのようにすれば社会の問題点や苦労の種を減少することができるかについて述べたものである。これを第一の前提とする。

前提1　人間はたった一人ではなく他人と共に社会の中で生きてゆくものとする。

人間は動物の種であるという前提

歴史的にまた文化的に考察すると、人間が他の人間と接触せずにたった一人で生きてゆくのは明らかに例外であり異様な状態である。人類が発生してからこれまで地球上で生きてきた人びとはあらゆる種類の社会を体験してきた。社会を形成する場合、何らかの仮定が存在している。その仮定はある特定の宇宙観、世界観、人間観であったり、ある特定の宗教や超自然の信条である場合もある。従って社会の形成と存続について考える場合、どのような考え方を根拠とするかを決定する必要がある。

筆者が選ぶ根拠は、人間が生物の種である、という考え方である。

東洋でも西洋でも人間を特別扱いにし、「犬畜生」より優れている、とする考え方は古くから存在する。宗教によっては人間を他の動物から隔離して特別扱いにする傾向が見られる。これは自然現象をどのように観察するかの問題である。本書は人間を特別扱いにせず、人間は動物の一種であるとする。人間は傲慢になりがちであるが、我々は自然現象の一部として数多く存在する生物の種の一つであることを認めなければならない。

しかし人間は動物ではない、人間は特別なのだ、という考えをもつ人たちも対象にして社会の形成を考察する場合、そしてそのような潜在的な読者も考慮した場合、本書はこれを絶対的な事実と主張せず、単なる前提として提案する。つまり社会を形成するにあたり、人間は生物の種である、という議論を進めるための出発点としての前提である。これが第二の前提である。

前提2　人間は生物の種である。

この第二の前提から社会の形成を考察するためのいくつかの仮定を導き出すことができる。

仮定1 人間は生物であり、動物であり、霊長類の種であるので、生物の種としてDNAに組みこまれている人間の生物的背景を無視せず、それを考慮した社会を形成するのが望ましい。

仮定2 人間の生物的背景は進化の過程から発生したもので、人間社会の観点からすると必ずしも論理的に統一されたものではなく、矛盾が発生する可能性を含んでいる。

仮定3 人間のDNAは絶対不変なものではなく、遺伝子工学などの技法によって操作できる。従って政治哲学、社会思想、大衆などの圧力によって人間が遺伝子工学的に操作される可能性がある。

仮定4 人間を含め、すべての生物の種は基準と逸脱という、二つの矛盾した特徴を保持している。

仮定1と**仮定2**は動物の種である人間が社会を形成する問題点そのものを示しており、ここに異なった政治思想や社会思想が生まれ、意見の相違が現われる原因がある。**仮定3**はこれら二つの仮定から導きだされるもので、これに関しては「あとがき」で言及する。**仮定4**はこの時点でくわしく説明する必要がある。

生物界の基準と逸脱

この四番目の仮定については次のように説明できる。ある種が生物界に存在する意義は、それが他の種と何らかの点で異なることである。どのように異なるかは千差万別であるが、違いがあることによっていろいろな種の存在を認めることができる。別の表現をすると、二つの種の間になんらかの違いがなければ、その二つの種は現実には一つの種である、という結論になる。

ある種が他の種とは異なる、ということはその種が独自の特徴を保持していることを意味する。そしてその独自な特徴は比較的安定したものであり、生物の歴史から見て短期間に消えてなくなるものではない。当然のことながら、ある特徴が消えてなくなればその種が存在しなくなったことを意味する。このような、ある種に見られる独自の特徴はその種の基準である。この基準は原則的にはその種に属するすべての個体に認められる特徴である。生物の種は世代の交代を続けながらこのような特徴を保持してゆくが、これがその種の基準である。

しかしここに生物界の興味深い現象が存在する。すべての種はある特定の環境の中で生きてゆく。原則として、ある種はその種の存在する環境に適応したＤＮＡをもち、それぞれの個体はそのプログラムに従って生存し、次の世代をつくりだす。しかし環境は時がたつにつれて変化する。一世代の観点から見れば安定している環境でも、長い目で見れば環境はたえず変化をしている。

従ってある種が環境の変化に対応できなければ種として生き延びることができず、絶滅する。これは生物界の歴史でたえず見られた、ごくあたりまえの現象である。別の表現を用いると、ある種に属する多くの個体があまりにも均一化されていると環境の変化に対応しきれず、絶滅する危険にさらされる。

生物界の歴史で数多くの種が絶滅したが、その反面やはり数多くの種が環境の変化に対応することに成功し生き延びてきた。その秘密は逸脱である。生物の種で興味ある点は、ある種に属する個体は工場で厳密な品質管理のもとに生産された商品のような均一さはない。種としての特定の基準から見てかなりのばらつきがある。このばらつきは基準からの逸脱であり、逸脱があるために環境に変化が生じた場合、それに対応でき、種が新しい環境の中で生き延びることができる。生物の種がある特定の種として存在するには基準に従った均一性が必要である。しかしそれと共に、環境の変化に対応できるだけのばらつき、つまり逸脱もなければならない。この基準と逸脱という、一見矛盾したように見える現象が生物界の特徴のひとつであり、基準と逸脱のバランスをうまく保っている種が独自の種として生き延びてゆく。

人間に見られる三種類の基準と逸脱

霊長類の動物としての人間も当然のこととして基準と逸脱の現象を示している。世界に存在するあらゆる人種と民族を眺めてみると、人間はチンパンジーやゴリラには見えない。すべての人間には直ちに人間として認識できる身体的特徴を認めることができる。ＤＮＡに関しては人間に一番近いチンパンジーでも人間と明らかに違うのは明白である。どのような時に喜びや悲しみを感じるか、何をされたら怒るか、全く見知らない人に出会ったらどうするか、などという反応にも人種や民族の違いを超越した共通のものがある。この共通の人間らしさが人間という種の基準である。

それと同時に、逸脱も存在する。人間は一人ひとり、ホモ・サピエンス・サピエンスと呼ばれる種の中で生物学的に異なる。それは遺伝子やＤＮＡの違いでもあり、身長や体重の違いでもある。そして性別や年齢の違いもある。遺伝子の数やある特定のＤＮＡの有無の違いもある。これらはすべて生物的な違いである。

これらの問題とは別の種類の違いもある。人びとは全く同じようには考えない。ある人は細かいことを考え、別の人は物事を大まかに取り扱う。話好きな人もいれば無口な人もいる。好みもいろいろで、ほとんどの人は蛇を嫌うものと思われるが、蛇が大好きで蛇を飼い、首に巻きつけて楽しんでいる人もいる。食べ物にしても肉が嫌い、魚が嫌い、野菜が嫌いなどという人もいる。趣味もいろいろで千差万別である。これらの逸脱は心理的な違いと言える。

世界の人びとを眺めてみると、三種類目の違いがあることに気がつく。それは文化の違いである。ごくおおまかに表現すれば言語、宗教、慣習、世界観の違いなどである。複雑な文化は文明と呼ばれることも多い。文明と見なされる文化になると、その中にさらに文化的な違いを認めることができる。社会学者が下位文化とか対抗文化と呼ぶものは、ある文化の中に存在する特殊な文化で、これは社会階層や地域的な違いから発生することが多い。しかし下位文化というのは社会の中の下層階級の文化という意味ではなく、単に特殊な文化という意味で、例えば核物理学者の学会、音楽家の世界など、門外漢にはわからないこともある文化は下位文化である。対抗文化というのは何らかの形で社会の主流に対決する態度を示す文化で、日本で言えば連合赤軍などは良い例である。

人類の生存に役立つ逸脱

以上を要約すると、人間には三種類の逸脱が認められる。それは、①生物的、②心理的、③文化的な違いによる逸脱である。これらの逸脱は人類の生存に役立つ。すべての生物の種が例外なく直面する、自然環境の変化にどう対処するかという問題も含め、あらゆる種類の問題に対処する手助けになる。

生物的な逸脱があると、種が環境の変化に直面した場合に有利である。例えばある特殊なウイルスが現われ、それが死にいたるような伝染病になった場合、世界で数多くの人たちが死亡したとする。しかしこのウイルスに感染してもまったく発病しない人たちもいたり、発病しても軽症ですみ、死亡しない人たちも存在する。これは人類に生物的な逸脱があるおかげで、ある特定のウイルスや細菌などに対する免疫力、抵抗力の違いがあるためと言える。

事実これは、歴史上繰り返し繰り返し見られた現象で、中世のコレラ、ペスト、黒死病、二〇世紀に入ってからはスペイン風邪などが有名な例である。HIVのウイルスが身体に入りこんでも発病しない人たちが存在することも知られている。この多様性とは逆に、生物的にあまりにも均一化されてしまった種の場合、絶滅の危機に直面する。パンダやトキはよく知られた例である。

心理的な逸脱は大多数の人たちのようには考えない人、非常識な人、突飛なことを言い出す人、斬新なことを考えつく人、それまで誰も考えてもみなかったことを言い出す人などに見られる。例えば小さな村が水不足、洪水、地震などによる被害の危機にさらされ、村人が集まり途方にくれてどうしたらよいかと相談する場合、通常はへそまがりの人間と見なされ、あまり好意的に見られていなかった村の変人がすばらしい解決策を思いつく可能性がある。常識的に考えないことによって斬新な観察力と洞察力をもち、そのおかげで常識的にしか考えない人が思いつかない解決策を見出すことができる。

この心理的な多様性は知識の進歩に欠かせない。ガリレオは狂信的な教会のドグマや当時の常識と正反対のことを主張したが、結局これが人類の知識の前進に役立った。コロンブスも常識はずれの行動をして新大陸にたどり着くことができた。技術と科学の進歩には斬新な考えが不可欠である。技術者には斬新な試みをし、新技術の開発に成功する傾向があるが、これはそれまでの常識を絶対的なものと受け入れない心構えを持っているためで、このような非常識さを評価する物の見方こそが知識の進歩にいたる結果を生み出す。

技術者に比べると、科学者は逸脱した考えを受け入れない傾向が強い。例えば一九八三年にピロリ菌が胃潰瘍や十二指腸潰瘍の原因であると言い出したオーストラリアのロビン・ウォレンとバリー・マーシャルは、最初この分野の権威者や専門家に一笑されてしまった。しかし結局は彼らの主張が正しいことが認められ、この二人は二〇〇五年にノーベル生理学・医学賞を与えられた。

時と場合で変わる文化の基準

文化の逸脱を語る場合、どれを基準とするかが問題となる。人類の歴史を振り返ってみると、世界のどの地域について語るか、どの時代を取り上げるかが決定的な要素である。地中海沿岸と南ヨーロッパでローマ帝国が支配していた時には、好むと好まざるとにかかわらず、ローマ帝国が周辺の人たちの基準であった。そして東アジアでは歴史上のほとんどの時点で中国が基準であり、日本や朝鮮半島ではその基準を強制されたり、それにあこがれたりしたわけである。一時的にはモンゴル帝国やソ連が周辺の国々の基準であった場合もあった。二一世紀はじめの世界では、現代西洋文明、特にアメリカが基準となってしまっている。

通常「グローバリゼーション」とか「国際化」などの言葉で表現される現在の世界、いわば世界が一つの単位として考察される世界では、現代西洋文明の思想、判断、好み、法律が全世界の基準となってしまう傾向がはなはだ強い。客観的でなければならないはずの各種の国際機関、例えば国連、ユネスコ、世界保健機構、WTOなどといった組織は西洋文明の産物である。国際通貨基金は慣例上ヨーロッパ人が総裁になり、世界銀行は慣例上アメリカ人が総裁になる。そして西洋文明ではない文化や文明はすべて西洋文明の基準に従って判断され評価され、その基準からかけはなれた文化や文明は批判されたり改善を命令されたりする。極度に逸脱している国は脅迫もされる。二一世紀はじめの世界では北朝鮮、イラン、ミャンマー（ビルマ）などは悪者の国としてそのような脅迫を受けている。

三種類の基準と逸脱の相違

生物的、心理的、文化的な違いから発生する基準と逸脱の現象は、基準がどれだけ相対的であるか、という点で異なる。生物的な基準はいわば全人類に与えられたものであり、他の二種類の基準に比較するともっとも明確で時間的に安定している。その変化は突然変異のような生物的な原因にもとづき、それは自然環境の変化にもよる。それに対して文化的な基準は人工的で人為的なものである。文化は人間が考え出したものであり、時と場合でほとんどどのようにでも変化してしまう。歴史的な観点からするとごく短時間のうちに変化してしまうこともある。

別の表現を用いれば、文化的な基準はある特定の文化や文明の産物で相対的である。文化や文明はたえず変化をし続けている。この事実は、文化的な基準というものは基準である説得力に欠けることを示す。同じ文化や文明で逸脱であったことでも時がたてば基準になってしまったり、またその反対に基準が逸脱になってしまう場合もある。過去半世紀の間に西洋文明の中で観察される変化には服装、礼儀作法、対人関係、常識などの変化があり、これらの変化によって基準と逸脱の相対性というものが明確に認識できる。

生物的な基準と逸脱と文化的な基準と逸脱は、両極端と言える。生物的な基準はかなり安定した明確なものであるために逸脱は明確に認識できる。これに対し、文化的な基準は不安定で不明確である。従って文化や文明の逸脱も不確実で不明確である。心理的な基準と逸脱の問題はこの両極端の中間にある。人間の心理は部分的には生物的な要素にもとづく。例えばどのような場合に喜怒哀楽の感情をもつかは、原則的には生物的な理由にもとづく。親子の関係、近親者の死、被害を受けた場合などに示す感情の表現は、民族や文化を超越している。そしてこれは人間ばかりではなく、チンパンジーの間でも同様である。

しかしここで興味深いことは、このような感情表現にも文化の影響が入りこむ。例えば近親者の死に対し、静かに涙を流すか、髪が抜けるほど髪をひっぱって泣きわめいたり、胸をげんこつでたたいたりなどという相違が見られる。ある文化では常識である悲しみの表現でも他の文化では非常識になってしまう。要約すると、生物的、心理的、文化的な基準は、どの程度霊長類の動物としての人間に存在する基準として普遍的で時間的に安定しているか、という点で異なる。にもかかわらず、これら三種類の基準は常に存在し、それからの逸脱も常に存在している点に注目していただきたい。

データバンクとして機能する多様性

生物的、心理的、文化的な多様性は全人類にとっていわばデータバンクのような役割をする。広い意味での問題が認識された場合、これら三種類の多様性があるために問題解決の方法を見出す可能性が存在する。基準だけしか存在しなければ、基準から判断し基準から実行する解決策しか存在しない。しかし基準からかけ離れた判断や解決策や実行方法が存在すれば、少なくともそれを試みる可能性が存在する。これは人類生存の可能性を高め、人類生存の観点からすれば望ましい。従って我々は人類にこれら三種類の逸脱があることを積極的に評価し、これを意識して維持してゆく必要がある。逸脱があること、多様性があることは人類にとって好ましいこと、有利なことである。

これを具体的に表現すると、次のことが言える。ある特定の人種、民族、性、身長、体重、容貌などといったものが生物的な基準とされてしまっても、この基準に従わなかったり基準からかけはなれた人たちを除外せず、むしろ基準とは異なることを積極的に評価することが望ましい。さらには何らかの形の身体障害やＤＮＡの異常についても同様なことが言える。日常生活で言えば、差別をしたり、ばかにしたり、いじめたりせず、それぞれの個人の人間としての尊厳を認め評価することである。

心理的な基準の場合、常識的に考える人たちだけを社会の中心に据えて、社会とはこの人たちだけのものと見なし、非常識な人たち、へそまがり、心理症や神経症の患者と見なされた人たちなどを排除してはいけないという議論になる。この主張からさらに導き出される主張は、自分の考えることだけが正しく、他人の言うことは間違っていると盲目的に信じることをせず、他人の意見、異なった見解にも耳を傾け、それを吟味し評価する開かれた心を持つ必要があるということである。

文化的な基準として、歴史上ある特定の時点で世界を支配している文化なり文明なりが存在するのが常である。このような文化や文明は強大な軍事力や経済力を用いて周辺の国や文化に圧力をかけ、自らの主張すること、実行することが唯一絶対の真実であり、それ以外の考え方、生き方はすべて悪である、と主張する場合が多い。

しかしこのような態度には疑いの目で対処し、その主張や行動を懐疑的、批判的に評価する必要がある。強大か弱小かの問題にかかわりなく、文化にしても文明にしても、ある特定の人びとがある特定の環境に対処し、いかにして生きてゆくか、という問題を解決しようとして考え出した手段である。従ってすべての文化や文明は主観的でありエゴイズムの産物である可能性もある。ある強力で支配的な文化なり文明が基準となってしまっている場合には、この注意が特に必要である。

本書の政治と社会に関する考え方

以上の考察から、本書の出発点となる政治哲学と社会哲学の基本を導き出すことができる。それは次のように要約できる。

主張1　人類の生物的、心理的、文化的な多様性を積極的に評価し、この原則にもとづいた社会を構築し、この原則にもとづいた政治を実行するべきである。

この主張から直ちにいろいろな議論を導き出すことができる。

人類の歴史上、各種の全体主義が現われた。中世ヨーロッパの宗教裁判は良い例である。二〇世紀に入ってからは、スターリニズム、ナチズム、ファシズム、軍国主義、原理主義など、いろいろな全体主義が現われたが、名称はどうでもよい。要は全体主義の考え方は上記の**主張1**と相反するという点である。二一世紀はじめの世界でも比較的多くの国が明らかに全体主義の体制を保持している。

世間一般の常識では、全体主義と正反対の政治体制はいわゆる「民主主義」である。この考え方は「民主主義」の国々ではマスメディアなどによって主張され、報道関係者はこの点については何の疑問ももっていないように見うけられる。政治を専門に研究し、政治に関しては一般の社会人よりくわしい知識をもっているはずの政治学者でも原則的には同様で、もしこの「全体主義対民主主義」という信条に疑いをもつような発言をすると、村八分にされたり、大学での将来が危険になる結果にもなりかねない。

しかし、この「全体主義対民主主義」という二分法は、便宜上の手段と見なされるべきである。人間の思考法の一つの特徴として、複雑な現実を簡単に把握するために二種類の状態に分けてしまうことが挙げられる。この方法は物事を単純に理解し、それに従った行動をとって問題を解決してしまう、という便利さがある。しかし現実には「全体主義」と「民主主義」の違いは程度の問題で、「全体主義」でも「民主主義的」と見なすことができる場合もあり、「民主主義」でも「全体主義的」な場合もある。これは明白な黒と白の問題ではない。実際には多くの灰色の状態が見られるのが政治の現実である。この件については第4章と第6章でくわしく論ずる。

第2章　正の自由と負の自由

日本では自由主義とかリベラリズムなどという表現が時折見うけられるが、政治思想としての自由主義は日本で発生したものではない。そのため日本では、自由主義というものが明確に理解されていなかったり誤解されている。他のいくつかの政治思想と同様に、自由主義の起源は西洋文明である。中世のヨーロッパではカトリックの教会が絶対的な権威を誇示し、それと同時に貴族階級が社会の最上層にあって権力をふるっていた。教会と貴族階級は対立したり協力したりして社会を支配し、このどちらにも属さない人たちはその言いなりにされていた。日本には「お上に逆らってはいけない」、「ご無理ごもっとも」、「泣く子と地頭には勝てぬ」などと言った表現があるが、中世のヨーロッパはそれとまったく同じであった。

自由主義の起源

くわしいことは割愛するが、そのようなヨーロッパで経済が発展し、貴族の下にブルジョア階級が現われた。ブルジョア階級は商業に専念することによって資産を蓄積し、その経済力によって社会的に影響力を持つようになった。裕福な商人は金を払って貴族の肩書きを買い、貴族になり、インフレによって資産の減少に直面した貴族は没落し、貴族の肩書きを失うようにもなった。宗教の世界では宗教改革がおこり、カトリック教会の絶対的な権威というものが失われてしまった。

この社会変革は、①ブルジョア階級の出現による貴族階級の凋落と、②宗教改革の結果としてのカトリック教会の権威失墜である、と要約できる。そしてこのブルジョア階級には独自の政治哲学があった。これが自由主義なのである。従って自由主義の出発点は商業の自由、売買・取引の自由、そしてそれに関連している旅行の自由と行動の自由である。これらの自由からさらに思想の自由、発言の自由、表現の自由などという考えが現れた。

このように自由主義はブルジョア階級に密接に関連した、ブルジョア階級のための政治思想として貴族や教会に対決するために考え出された政治思想なのである。これを現代風に表現すれば、自由主義は資本主義を擁護するための資本家の政治思想である。そしてここで注目すべき点は、この自由主義は個人主義の考えと密接な関係にあったことであった。

二一世紀はじめの資本主義では大企業と多国籍企業が圧倒的な支配をし、企業は会社組織の形式をとり、経営陣が集団として存在して意思決定をし、株主総会がそれを承認したり否決したりするのが原則である。例外もあるものの、この方式では純然たる一個人の意思や一個人の好き嫌いが会社の経営方針になりにくい。すべては複数の人間が集団で意思決定をするのが原則である。これに対し、初期の資本主義はあくまでも個人から出発する方式であった。一個人が金儲けの可能性を考え出し、それをどのように実行するかを企画し、実行の結果成功すればそれを継続、さらには拡大し、失敗すれば中止をし、損失を一人で処理する、というのが会社組織が考え出される以前の時代の資本主義であった。

当然の結果としてすべては一個人の問題となる。成功すれば一個人として金持ちとなり、失敗すればそれ相応に苦しまなければならない。一個人が自らの考えと行動に全責任をもつ。従ってここでは個人がすべての出発点となり、個人の存在というものが社会思想の根本となる。このように自由主義と個人主義は論理的に関連した思想であり、どちらも人間の意思、積極性、行動性といったものを強調した啓蒙思想の産物であった。

労働者階級の出現と自由

ブルジョア階級が出現し、彼らが自由主義と個人主義を資本主義の思想的根拠として支持したことは、貴族と教会の支配による自由のない社会の問題を解決したように見える。しかし資本主義の台頭と発達はあらたに別の問題を生み出した。資本主義は労働者を必要とし、労働者の観点からすると資本主義の体制は別の苦労や悩みの種をつくってしまった。これが社会主義や共産主義という新しい政治思想、社会思想が生まれた理由である。

このようなヨーロッパの歴史を別の形で表現すると、中世のヨーロッパの貴族と教会の立場からすれば、世の中に問題など存在しなかった。しかし新しく出現したブルジョア階級から見れば、これでは自由がない。自由がないことが不満のもととなり、最終的にはこの不満がフランス革命や南北アメリカ各国の独立戦争の原因となった。しかしこれですべての不満がおさまったわけではない。ブルジョア階級の実行し始めた資本主義は労働者階級を生み出し、労働者にとっては雇用されるために発生する不満と怒りが社会主義と共産主義の台頭にいたった。

つまり西洋で発生した政治思想と社会思想はすべて社会階級の違いと密接な関係にあり、社会のどの階層から眺めるかによってある特定の政治思想、社会思想の可否、善悪が決まってしまう。ある特定の個人にとって、ある特定の政治思想、社会思想が好ましいか好ましくないかはその人間が社会のどの階層に属するかによって左右されてしまう。

これは日本であるか西洋であるかの違いに関係なく、すべての社会について言える。これでは人類という動物の種に属するすべての人間のための政治思想、社会思想としては望ましくない。一体どのような思想がもっとも望ましいのであろうか。西洋の政治の歴史から導き出された思想ではなく、人類の生物的背景にもとづいた思想、できるだけ多くの文化のできるだけ多くの人びとに満足できる可能性の高い思想は可能であろうか。

政治思想と社会思想に不可欠な自由の概念

この疑問に対する回答は、西洋の歴史でなぜ各種の政治思想が台頭したのか、という理由を考察することによって見出すことができる。ブルジョア階級の不満は自由のないことであった。「自由」というのは啓蒙思想の根本原則の一つであり、これはフランス革命の三つのモットー「自由、平等、友愛」に含まれ、アメリカの『独立宣言』にも明確に述べられている。

社会主義と共産主義がなぜ資本主義に反発したのか、という理由は「搾取」である。これは別の表現をすれば労働者は資本家に支配され、利潤の分け前を正当に受け取る自由がないという認識から発生した思想である。「搾取」の問題は国家があるために発生するのだと考えれば無政府主義になる。しかし現在では国家というものの存在が問題で、国家そのものが悪である、という思想は、資本主義から派生した政治思想にも見られ、資本主義的な無政府主義の議論も存在する。

これらの不満の発生とその結果としての政治思想の台頭を総合的に眺めてみると、明らかな共通点がある。それは「自由」のないことである。貴族と教会が支配する社会ではブルジョア階級には商業の「自由」がなく、資本家に支配されて生きてゆく社会では労働者階級は「搾取」され、しかも利潤の分け前を正当に受け取る「自由」がない。国家がすべてを支配する悪であると認識すれば労働者にとっても資本家にとっても「自由」がないと感じられる。この考察から導き出されることは、「自由」という考え、「自由」というものの重要性が、政治思想、社会思想の構築には基本的である、という仮定である。

仮定5　「自由」という概念は、政治思想、社会思想の構築に不可欠である。

なぜ人間は「自由」を望み、「自由」がないと感じる状態を嫌うのかを説明するには、いろいろな観点がありうる。本書の選ぶ観点は霊長類の種としての人間の生物的背景によるもの、とする。霊長類学や動物心理学の専門用語を用いれば「操作動機」のため、つまり身の回りにあるものを操作したいという生まれつきの圧力のためという説明になる。商人が好きなように商売することを禁止されれば、商人の操作動機は満足されず、自由のなさを感じる。

労働者が働くことは操作動機を発揮してお金を払ってもらうことである。低賃金で長時間働かされてそれ相応の賃金を支払ってもらえないと思えば、労働者の操作動機は満足されない。仕事に相応した収入を得られない、「搾取」されている、自らの収入を自分で決めることができないという不満になる。これも自由のない意識になる。

現在の先進国社会では疎外という大問題がある。職種に関係なく、現代人には自らの運命を自分自身で決めることができないと感じ、その結果無力感を感じる傾向がある。これが疎外である。現代人のほとんどは何らかの官僚組織の中の一員として働いているためにこの危険性がある。疎外感が極端になると自分の運命が何か見えない力によって支配されているようにも感じ、うつ病にもなる。自由がないと感じることが疎外感の大きな原因の一つである。本書では人間が「自由」を重大視する傾向は人間の生物的背景によるものとするため、**仮定5**は**前提2**から導き出される仮定とする。

正の自由と負の自由

「自由」という概念は簡単なものではない。古典的な自由主義者であるイザイア・バーリンやフリードリッヒ・ハイエクは、「自由」には実は二種類あると主張している。それは正の自由と負の自由である。正の自由とは自分のしたいことをする自由で、好きなものを食べ、気に入った商品を買い、大好きな音楽を聴く、といったような自由である。これを裏返しにすると負の自由となる。嫌いなものは食べない、気に入らない商品は買わない、つまらない音楽は聴かない、という自由である。

この二種類の自由は誰でも漠然と意識してはいるものの、通常それ以上には考えない。しかし、実はここには政治思想、社会思想の根本的な重要問題がある。それはこの二種類の自由というものが現実には相いれない性質のもので、それが社会を形成し維持していく上で大きな障害になりうる可能性を秘めているためである。事実この二種類の自由から二人の人間、二つの地方自治体、二つの国、二つの文化などの間にあらゆる種類の争いがおこる。

身近な例から始めると喫煙の問題がある。人によっては、ところかまわず、いつでもどこでもタバコをすう。これは正の自由である。広い砂漠の真中でたった一人でいる場合には、いくらタバコをすっても別にどうということにはならない。喫煙の結果本人が肺ガンになっても、それは本人が好んで求めた正の自由から発生するわけであるので肺ガンになるのも正の自由の一部と見なすことができる。

しかしまったく同じ行動である喫煙を他人の前、例えばレストランのような公共の場所で実行すると、正と負の自由の衝突となる。非喫煙者にとってはタバコの煙やにおいは不快と感じられることが多い。髪や衣服にはタバコのにおいが沁みつく。喘息で悩んでいる人にとっては発作の引き金となる。非喫煙者でも長期にわたってタバコの煙の中で呼吸を続ければ、他人の喫煙のおかげで肺ガンになる危険性もある。これらの理由によりタバコを嫌う人たちが公共の場所を禁煙にすることを要求すれば、それは負の自由を主張しているのである。

二一世紀はじめの世界では、科学と技術の進歩発展の結果発生してしまった正と負の自由の衝突が日常茶飯事のように見られる。騒音公害、空気、水、土地などの環境汚染、食品、化粧品、衣服などの汚染は誰でも知っている。人によっては電子的な環境汚染も存在し、携帯電話や多くの家電製品もその危険性を秘めていると見なされる。そしてさらに憂慮すべき点は環境汚染のほとんどが事故のため発生したのではなく、人為的で意図的な原因からおこっていることである。単に金儲けをするために他人への害は無視してそのような結果を発生させているのは、正の自由がはびこり、負の自由がまったく無視されてしまっている状態を示している。

負の自由の優先

この正と負の自由の葛藤という問題を、人間の多様性の維持という観点から考えると、次のように言える。正の自由は認められなければならない。自分の思うこと、考えることを実行して人間関係が成立し、文化が形成され、人類の進歩が可能になる。しかし、正の自由にもとづいて行動する場合には常に負の自由も考慮されなければならない。正の自由のために負の自由が無視されたり拒否されたりする場合には、人間の多様性が無視されることになる。これは生物的、心理的、文化的なすべての観点から望ましくない。正負の相違にかかわらず、自由を認めることは一人ひとりの人間が独自であることを認めることである。この原則なしではできるだけ多くの人びとが満足できる社会を構築するという課題は骨抜きになってしまう。

ここで注意すべき点は、負の自由を認めることが即ち正の自由を無視する、という結論になるわけではないことである。負の自由が侵されない範囲内で、正の自由は十分に認められなければならない。要は二つの形の自由が相互に対立した場合に限って正の自由を規制する、ということである。

これは具体的な例をあげれば容易に理解できる。公共の場所を禁煙にするのは喫煙者はタバコをすってはいけない、ということではない。他人の迷惑になると見なされる場合に限ってタバコをすってはいけない、ということであり、そうでなければ自由にタバコをすってよい、ということである。喫煙者には自宅の自分の部屋の中で他人にあれこれ干渉されずに自由にタバコをすう正の自由がある。喫煙のために家族と問題をおこしたら負の自由を優先し、負の自由が侵害されない範囲内で正の自由を認める、という原則にしたがって解決すればよい。思想の自由は望ましい。世界に数多く生きている人たちはそれぞれ独自に考え、すべての点でまったく同じように考える人二人を見出すのは容易でない。しかしこの妥協案ならほとんどの人にとって受け入れられるものであろう。

負の自由が侵害された場合

人間の思考の多様性は人類にとって一種のデータバンクとして機能する。思想の自由はこのデータバンクが役立つことを保証する。しかしある思想を行動として実行した場合、それが他人の負の自由を侵害すればそのような行動は禁止されなければならない。思想だけであれば、どんな考えでも容認されるべきである。誰でもどんなことでも考えてよい。考えるのは自由である。しかしその思想の結果が他人を何らかの形で害することになれば禁止されなければならず、そのような禁止を無視すれば罰せられなければならない。これは他人の誹謗中傷、傷害、いやがらせ、いじめ、強姦、殺人などといった小規模な場合から、他国の侵略、民族の強制移住、大量殺人などといった大規模になった場合もあるがすべて同様である。

いかなる理由があっても、他人を害するのは人類の多様性に反する行動である。殺人は正の自由が負の自由を侵害した最悪の例である。ある人間が「悪人である」と判断され、法的にもその「悪人」が何らかの事件の「犯人」であるとの判断になっても、その「悪人」を死刑にするのはある特定の個人の負の自由を侵害することになる。従っていかなる理由があっても死刑は認められるべきではない。その解決策はタバコの場合と同じでよい。つまり負の自由を侵害する人を隔離する、という解決策である。つまり殺人犯の場合には終身刑ないしは長期の禁固刑にすることである。

主張2　正の自由も負の自由も可能な限り認められるべきであるが、正の自由が負の自由を侵害すると判断された場合には、そのような正の自由は制限されるべきである。

正と負の自由の多様性

正の自由と言ってもいろいろある。負の自由を優先する場合、問題になっている正の自由がどの程度制限できるものであるのか、または事実上制限できない性質のものであるかは問題の焦点になる。例えば、飛行機や工場からの騒音は技術的にはある程度減少させることができればその努力をすべきである。しかし騒音を完全になくすのは不可能であるかもしれない。この種の騒音は経済活動を維持してゆくために必要であるとも見なせるので、この場合には正の自由の立場もある程度認める必要がある。

それに対し、野外のロックコンサートなりクラシック音楽の演奏会は、負の自由を侵害された人たちが存在する場合、それを中止したり室内で行うのは十分可能であり、そのような処置をとることが望ましい。タバコ公害の場合でも、喫煙者がどこで喫煙するかを制限するのは可能であるので公共の場所で禁煙にするのは適切な処置である。

どのような形で負の自由が侵されるかも考慮されなければならない。誰にとっても空気を吸い、水を飲み、食べ物を食べるのは生きていくために必要である。したがって空気、水、土地を汚染することは負の自由の侵害のうちでも最悪のものである。これには厳しく対処されなければならない。空気を汚すのはもちろんであるが、空気を騒音という特殊な形で振動させ、他人に迷惑をかけるのは容認できない。負の自由を侵されている人間が耳栓を毎日二四時間使用するわけにはいかないし、耳栓も騒音減少のプログラムが入れてあるヘッドフォンも、騒音を完全に防ぐことはできない。

グラフィティと呼ばれる電車や建物などへの落書きの是非は趣向の問題である。グラフィティというある特定の趣向の行動に対し、それを不快に感じる人たちが苦情を申し立てれば、その人たちにとっては負の自由の侵害と認めることができる。ある特定の趣向をすべての人間に押しつけることはできないし、してはいけない。これはタバコ公害の解決策同様、分離すればよい。つまりある特定の場所なり地域に限って認める方法である。グラフィティが嫌いな人はそのような場所に行かなければよい。

この解決策から導き出されることは、日常生活に必要な行動をする場合、不快に感じられる現象を避けることができない場合にはその不快な現象は禁止されなければならないという議論である。仕事の関係上列車や電車に乗らなければならない人がグラフィティを不快と感ずる場合には、駅、列車、鉄道の沿線などのグラフィティは禁止されてよい、という判断になる。**主張2**から**主張2・1**を述べることができる。

主張2・1　正の自由による負の自由の侵害が回避できない場合には、その正の自由は禁止されなければならない。

文化の相対性

二〇世紀はじめに文化人類学の分野で文化の相対性ということが主張された。これは西洋文明を最高の文明と見なし、それ以外の文化を劣ったものとした西洋の独善主義に反発した思想であった。それまで「野蛮」である、「未開」である、と見なされていた南北アメリカ大陸やアフリカの先住民たちの文化や文明にも独自のものがあることを研究者たちが見出したためである。例えば自然環境と密接な関係を維持して生きてゆく南北アメリカの先住民族の場合、自然についてくわしい知識をもち、それから得られた独自の世界観、人生観に従った文化や文明を形成していることを文化人類学者たちが理解し始めた。これは一九世紀にもてはやされた、文化は進化し西洋文明はもっとも進化した最高のものである、という思い上がった考えを批判した思想である。

文化の相対性という考えを究極的な形で表現すると、世界に存在する多様な文化は比較できるものではなく、評価はできない、従って異なる文化や文明を優れている、劣っている、好ましい、好ましくない、良い、悪いなどと判定することはできない、という議論になる。この考え方は異なった文化や文明をより好意的に眺める態度にもなった。

そして少なくともアメリカの文化人類学の世界では一九三〇年代のはじめ頃までは主流の考え方であり、西洋文明内に同時に流布していた人種主義に反発する強力な意見として機能した。一九三四年にアメリカで出版され、広く読まれ、その後日本語を含め各国語に翻訳されたルース・ベネディクトの『文化の型』は文化の相対性という考えを大衆に広めることになった。

負の自由の観点からの文化の評価

しかし文化の相対性の思想はナチスの台頭によって無残にも崩壊してしまった。文化というものが相対的で、評価してはいけないものならば、ナチスは独自の文化として認められるべきで、批判してはいけない、という結論になってしまう。ナチスの軍隊が侵略してきた場合、文化の相対性に共感していれば、あなたたちの文化には独自のものがありご立派です、どうかお好きなようになさってください、と言うよりほかはない。ナチスの台頭から得られた貴重な体験から言えることは、異なった文化は評価すべきものである、評価しなければいけない、ということである。

それではどのような形で異なった文化を評価し、好ましい、好ましくない、良い、悪いなどと判定すべきであろうか。筆者は、これは正の自由と負の自由の問題から検討するのがもっとも適切な方法である、と提案する。これは**主張2**の特殊な場合であるので**主張2・2**となる。

主張2・2　文化の相対性の原則は保持されるべきであるが、ある文化なり文明が他の文化や文明の負の自由を侵害すると認められる場合には相対性の原則は適応されてはならない。

人類の歴史を振り返ってみると、この問題はもっとも当たり前に見られた現象である。残念ながら人類の歴史、文明の歴史とは侵略の歴史であり負の自由を侵す歴史であると言っても過言ではない。ナチス以後の世界の歴史を眺めても、ソ連のハンガリー侵略、ワルシャワ条約機構加盟国のチェコスロバキア侵略、ソ連のアフガニスタン侵略、中国のチベット侵略、アメリカのアフガニスタンとイラクへの侵略など数多くの例がある。大国のエゴイズムによる正の自由の追求は、侵略される側にとっては負の自由の損失である。筆者は国際関係の最大で最重要の課題は、各国相互間の正と負の自由の問題を取り上げることで、国連のような国際機関の最大の任務は、各国の負の自由を保障することであると信じる。

負の自由の重要さを主張するには

一九六八年八月二一日にワルシャワ条約機構の軍隊がチェコスロバキアに侵入した時、筆者はカナダにいた。そしてこの事件をハリファックスのホテルで朝起きた時にテレビを見て知った。その前日までスウェーデンに住んでいて、ヨーロッパでチェコスロバキアの国情を手に取るように知っていたので、ソ連軍の戦車がプラハの街を占拠することになるとは予想しておらず驚いた。そして直ちに考えたことは、すぐに列車に乗ってオタワまで行き、ソ連大使館に投石することであった。いかにも幼稚な反応であるが、大国のエゴイズムに対しては、ごく当たり前の人間はまったくの無力で何もできないという現実を身をもって体験し、怒りを表現しようとすれば投石でもするしか方法がなかったのである（これは考えただけで実行はしなかったことを付記しておく）。

ちょうどこの日にロンドンのロイヤル・アルバート・ホールでプロムナード・コンサートがあった。ここに初めて出演したソ連国立交響楽団が演奏した曲目の一つはドボルザークのチェロ協奏曲で、チェロ独奏はソ連のチェリスト、ロストロポービッチであった。ここまでは事実であるが、その後は伝説になっている。一説によれば演奏直前にチェコスロバキアの侵略を聞かされたロストロポービッチは涙を流しながらこの曲を弾いたとされている。もう一つの説によればロストロポービッチが演奏を終えて楽屋にもどった後、初めて侵略のことを聞かされ、泣いたとされている。いずれにしてもロストロポービッチにとっては自分の国であるソ連がドボルザークの祖国を侵略したことに堪えられず涙を流したことに間違いない。

その後反ソ連の態度を明らかにしたロストロポービッチは一九七〇年にソ連国内での演奏を禁止され、ついに一九七四年には西側に移住し、一九八九年にベルリンの壁が崩壊した時にはその前でバッハを演奏した。ロストロポービッチは嬉しかったに違いない。

同じくチェリストでカタロニア生まれのパブロ・カザルスはスペインのフランコの独裁政権に反対し、フランコ政権が続く限りスペインには戻らないと宣言をしてスペインを去った。そして国外で演奏会をひらくと最後にカタロニア民謡の『鳥の歌』を演奏していた。鳥は自由を求めて鳴く、という内容の民謡である。ケネディ大統領に招かれてホワイト・ハウスで演奏したときにもこの『鳥の歌』を演奏した。そして宣言どおりに二度とスペインの土を踏むことなしにこの世を去った。

チェリストというのは負の自由が大事であるという意識が強いのであろうか。それならば世界中のすべてのチェリストは中国、ロシア、アメリカ、ヨーロッパ連合などの横暴さに抗議をするためにカザルスを見習ってできるだけ多くの機会に『鳥の歌』を演奏すべきである。負の自由が人間にとっていかに重要であるかを主張するのは良心の問題であり、誰でも何らかの形で負の自由を守ることをすべきである。

第3章　自由とは何か、平等とは何か

現在の世界では西洋文明が圧倒的な支配をしている。人類の歴史上、世界のある地域である特定の文明が圧倒的な支配をしていたことはあった。地中海沿岸を中心とした地域でのローマ帝国、東アジアでの中国、中央アメリカでのアステカ帝国、中央アジアを中心としアジアから東ヨーロッパまでを制覇したモンゴル帝国などはおなじみの例である。しかし地球上のほとんどの地域を軍事的または文化的に支配する文明は現代西洋文明が最初である。

西洋文明はある特定の価値観を独善的に世界の基準と定め、それを世界すべての文化と文明に事実上強制し、それに従わない文化に対してはあらゆる手段を用いて従わせることをしている。ロシア、中国、イラン、イラク、キューバ、北朝鮮などは悪者と見なされて一方的な非難をされる場合が多い。一見もっともらしく見える世界的な組織、例えば国連、世界銀行、国際通貨基金、ユネスコ、世界保健機構などは西洋文明の価値観に従って機能し、異なった価値観からすればまったく別の機能のしかたが存在することなど考慮されない。

西洋文明が世界に強制する価値観が、疑いなく本当にすばらしいものなのであれば大変結構である。これにけちをつけたり反対したりする必要はない。しかしすべての文化、そして文化が複雑になったものとしての文明は、しょせん人間が考え、行動してできあがったものである。人間は霊長類の動物であり、動物の個体は自らの生存と利益を考えて自己中心に行動する。これが文化形成の出発点であり、同じような立場にある多くの人間が同じような利害関係を考慮して慣習としたものが文化なのである。西洋文明を含め、すべての文化と文明はこの観点から客観的に、そして批判的に考察されなければならない。

人間の多様性を無視する西洋文明

現代西洋文明の問題点を簡単に述べると次のように表現できる——現代西洋文明の価値観は人間の多様性を無視している。人間は生物的、心理的、文化的に多様である。にもかかわらずこの事実を無視して、西洋文明の価値観というある特定の価値観を世界のすべての文化と文明に一様に押しつける。それだけならばまだ理解できる。驚くべきことには、西洋文明は西洋文明の価値観にそぐわないどころか、場合によってはその価値観とは完全に矛盾した政治を実行し、国際関係を保とうとしている。

西洋文明が固執する価値観は単にある特定の文明がある特定の時点において維持している世界

観であり、単なる仮定にすぎない。ある文明が維持している仮定を世界に強制するのは誤っている。しかし西洋文明はその価値観を宗教の信条のように狂信的に信じて疑わない。この問題は重大である。これは現在の西洋文明が固く信じている価値観と、その現実を観察してみれば簡単に理解できる。

二一世紀はじめの西洋では「自由、平等、民主主義」という三つの信条が基本的な価値観であると言える。これら三つの信条は経験的に人間を観察し、実証的に得られた価値観ではない。その源は啓蒙思想であり、貴族と教会の横暴さに反発した心理から発生したものである。従って人間の多様性など考慮されていないのはいわば当然である。アメリカ大陸に存在していたイギリスの一三の植民地ではイギリス国王は横暴であると感じ、植民地はイギリスの圧政を受けていると痛感し、この不満感は自由のなさと表現された。つまり一七七六年のアメリカの独立戦争の発端は自由がないという意識であった。自由がないという意識はフランス革命の場合もまったく同様であった。

フランス革命の時には具体的に三つの要求として「リベルテ、エガリテ、フラテルニテ（自由、平等、友愛）」が唱えられ、現在のフランスでもこの表現がフランスという国家の基本的意識として事実上そのまま残っている。一七八九年のフランスで「フラテルニテ」と表現されたモットーは日本では「友愛」と訳されているようであるが、これは現在では「民主主義」という表現に大変近い。従って一八世紀フランスの「自由、平等、友愛」は現在の西洋文明での「自由、平等、民主主義」と同じと言ってよく、これら三つのモットーは西洋文明の基本的価値観として保持されてきている。それでは多様性と「自由、平等、民主主義」はどのように両立しないのであろうか。

「自由」の意味の混乱

啓蒙思想の一部として「自由」の思想が生まれ、それが西洋の思想家によって流布され、さらにはアメリカの独立戦争やフランス革命で人びとに実力行使をさせるモットーとなった事実を考えてみると、これらの場合の「自由」とは宗主国の横暴さや貴族の横暴さを回避し拒否したい、という意志から生まれたものと断定できる。つまりこれは負の自由を求めたわけである。西洋文明で最初に「自由」の考え方が生まれた時点では、「自由」とは負の自由のことであった。

しかし時がたつにつれて、「自由」とは正の自由も意味するようになった。負の自由をかちえたフランスのブルジョア階級は、制限されずに商売をする自由、金儲けをする自由、さらには思想の自由、発言の自由などを主張するようになり、「自由」を実行しはじめた。これは音楽、文学、絵画などの分野ではロマン主義という考え方として表現された。価値観のような大変漠然とした抽象的な考え方の場合、人びとは注意深く考えずに言葉を用いてしまう傾向がある。「自由」という考え方はよい例で、ある人が「自由」と言う場合、それは正の自由なのか負の自由なのか考えずに話している可能性が高い。最初は負の自由であった「自由」はいつのまにか正の自由も意味するようになり、「自由」の意味が混沌とし、混乱し、現在に至っている。

その良い例は独立後のアメリカである。南北戦争が勃発した原因としていくつかの理由が考えられ、歴史家の間でも完全に意見が一致しているわけではない。しかし通常受け入れられている理由の一つは、南部の州が奴隷制度を維持し、支持し、この点で北部の州と対立したため、とされている。この場合、南部の州の「自由」の意識は、奴隷を所有し自由に売買するという形での正の自由が奴隷の立場から見た負の自由に優先しているわけである。独立戦争の結果負の自由を得たアメリカ人たちが、今度は正の自由を主張することによって他の人びとには負の自由を認めない、という結果を生み出した。これはエゴイズムそのものであり、人間の醜さを露骨にあらわしている。

侵略と人種主義を正当化する正の自由

この醜さは奴隷制度だけではない。独立後のアメリカは西へ西へと拡大することを続けた。当然の結果として先住民たちと土地の所有権、使用権、さらには狩猟権の問題で争うこととなった。ヨーロッパからの入植者たちは侵略者としてふるまい、あまりにも多くの場合に先住民たちを殺戮し、土地を奪うことをしていたのは歴史的に周知の事実である。ヨーロッパの常識で考えれば、先住者の土地は先住者のものである。しかしここでもしたい放題のことをする正の自由が主張され、先住民側の侵略される、土地が奪われる、殺される、という負の自由を侵害することは無視してしまった。

イギリスから宗教の自由を求め、一六二〇年に現在のアメリカのマサチューセッツ州のプリマスにたどり着いた清教徒たちはそこで先住民のインディアンに出会った。インディアンたちはこれらのいわば亡命者たちに友好的で、入植者たちは、首長のマサソイトから寒さの厳しいこの土地でいかにして生きるかを教えてもらうことによって、なんとか生き延びたのであった。

このような歴史的過去があったにもかかわらず、その後の入植者たちが傲慢な侵略者となってしまったのは全くの恩知らずである。現在のアメリカでは毎年一一月の第四木曜日は「感謝祭」と呼ばれる祝日であるが、この祝日が決められた本来の意義の一つは助けてくれた先住民に感謝をするためであった。しかし現在ではこの歴史的過去を意識するアメリカ人はほとんど存在せず、先住民に感謝などしない。感謝するとすればキリスト教の神にだけである。

このエゴイズムはアメリカ大陸への入植者だけに見られたものではない。実はこれこそが西洋文明に一貫して見られる現象で、ヨーロッパから世界に進出し、侵略と植民地化をした思想の根拠である。正の自由だけを考え、他人の負の自由などは無視するのが侵略主義と植民主義なのであり、他の文化や文明にとっては他人迷惑である。

そして驚くことには、この「他人への迷惑などどうでもよい、自分たちのやりたいことをすればよい」の思想は二一世紀はじめの西洋文明にそっくりそのまま存在している。世界の文化と文明の多様性を無視し、西洋文明が世界で最高最良であると盲信し、それを世界に押しつけ、反対すれば非難し、最終的には軍事力を持ち出して事を解決しようとする思想である。

正と負の自由と「寛容精神」の主張

文化の多様性、特に正と負の自由が両立できない場合が日常茶飯事になってしまった現在の西洋文明では、「寛容」の精神の重要性を説き、異なった意見、態度、行動を受け入れなければならないとする。アメリカでは「トレランス」という表現を用いる。「トレランス」の心を持って他人に接することが「多文化社会」の中で生きてゆくためには必要であるという議論である。

これは一見もっともらしい妥協案のように見える。しかし現実にはこれは正の自由を優先し、正当化し、負の自由を求める人たちには正の自由を実行する人たちのすることを我慢して受け入れてくれ、という結果になってしまうことが多い。例えば過去においては、タバコ公害に悩む人たちが公共の場所での禁煙を国や地方自治体に要求すると、タバコの煙が嫌いな人は「トレランス」の心をもってくれと言われ、官公庁は何もしないのが常であった。これはアメリカだけではなく、日本でも同様で、官公庁としては何もしないで苦情を持ちこむ者には我慢してくれ、というのが最も安易な対処策なのである。

タバコ公害に関しては日本でも欧米でもかなり改善され、負の自由は以前より認められるようになったが、騒音公害の場合には、苦情は世界中どこでもほぼ完全に無視される。一概に騒音と言っても実際にはいろいろあり、航空機、列車、自動車、工場など、社会を維持するために必要な人間活動から発生してしまい、制限したり軽減するのが比較的困難な騒音と、その気になれば直ちに無くすことができる騒音の二種類がある。

野外のロックコンサート、スーパーマーケットやデパート内の聴きたくもない音楽、テレビやラジオで背景に流す音楽などは、この二番目の騒音公害である。このように一部の人間の趣向から発生し、これらの人間の正の自由として他の人たちを不快にさせ、負の自由を認めない、あるいは負の自由などという意識さえない現状では、「自由」とは単に正の自由があるのみである。これでは人間の多様性は完全に無視されてしまう。「寛容」の精神とは負の自由など認めない、という精神なのである。

多様性と「平等」

アメリカの『独立宣言』には「人間の平等」ということを明記してあるが、この意味は、イギリス国王はアメリカ大陸の一三の植民地の人間に比べて特別ではない、人間としては誰でも同じだ、植民地の人間も人間として同じように生きてゆく権利がある、という意味である。フランス革命の時にフランスの民衆が意識していた「イガリテ（平等）」とは人間としての尊厳の平等ということであり、国王や法王が農民や商人とは違って特別であることは許せない、という考えであった。どちらの場合も啓蒙思想から導き出された考え方で、各個人の人間としての価値は同じである、と主張しているのである。

この思想が明治時代の日本に導入された時、福沢諭吉はこれを「天は人の上に人を造らず、人の下に人を造らず」と表現したが、これはその精神を巧みに表わしている。太平洋戦争の後、連合軍が日本を占領し、日本を徹底的に改革して欧米型の国にする政策を強制したが、連合軍は日本の歴史上すでに西洋式の考えをもっていた思想家として福沢諭吉をとりあげ、彼の思想を日本の国民に大々的に宣伝し始めた。そのおかげで福沢諭吉は戦後日本のお札にまで登場し、すべての日本人におなじみの顔となった。この時点でのアメリカの思想、そしてアメリカが主導権を握っていた連合軍の思想としての「平等」とは人間の価値としての平等、人間としての尊厳の平等ということであった。

その後一九五〇年代の後半からアメリカのアフリカ系市民の間で公民権運動が始まり、これが強力な市民運動にまで発展していった。これはちょうどロックンロールが全アメリカに広まり始めた時でもあった。アフリカ系市民のゲットーから始まったロックンロールの異様で圧倒的な力はアメリカのほとんどすべての若者の心をとらえてしまった。アメリカ社会の中堅的なヨーロッパ系アメリカ人の若者はロックンロールの熱狂的な支持者となった。それと共にアフリカ系市民がアメリカ社会で不当に取り扱われている社会問題に気づき、アメリカ社会が「平等」ではないと気づき、「平等」というアメリカ社会の基本的価値観の一つが無視されている、と考え始めた。

条件の平等と手段の平等

これがきっかけとなって、アメリカの社会学や政治学の世界では「平等」とは一体どんな考えなのか、どうしたらアメリカ社会は「平等」になるのかを検討し始めた。その結果一部の研究者や活動家は実は「平等」には三種類あると言い出したのである。その三種類とは、①条件の平等、②手段の平等、③結果の平等、である。

条件の平等とは社会の中で生活してゆく場合の市民としての権利から導きだされる平等で、法の下の平等、つまり法律はすべての人に平等に適用されなければならない、社会の中の地位が高いか低いかなどの理由によって法の適用が変わってはならない、という平等観である。そして人種、民族、宗教、性別などの理由により選挙権、被選挙権を得られないことがあってはならない、ということも意味する。これは現在一般的に解釈されている民主主義の原則の一つであり、これこそが一九五〇年代の終わりから活発になったアメリカの公民権運動の基本的要求であった。

手段の平等とは機会均等を意味する。社会の中に存在するある目標に到達しようとする場合、その手段はすべての人に平等に存在しなければならない、という平等である。現在では学歴なしにまともな職業につくことは事実上不可能であるが、高等教育を受けるにはお金がかかる。したがって人種、民族、宗教、性別などに関係なく奨学金を与えたり、銀行その他からローンを受けることを可能にしたり、大学への入学を差別なしに許可するのが教育の機会均等である。手段の平等は受ける教育の質についても言うことができ、学級の生徒数、実験設備や図書館の優劣、生徒数に対してのコンピューターの数などいろいろある。

これら二種類の平等観は西洋文明の価値観として長い間存在しており、特にアメリカでは常識であった。二〇世紀半ばまでのアメリカでアフリカ系市民には条件の平等も手段の平等も認められていなかった事実と、この二種類の平等という価値観との間に明白な違いがあったことは誰の目にも明らかであり、これが公民権運動を強力に推進する原動力となった。

相手次第の平等

公民権運動当時、筆者はアメリカの西部で大学生であったが、アメリカ生まれでもなく、アメリカ国籍ももたない筆者でも、申請さえすれば学費免除、フェローシップ、スカラーシップなどといった金銭的補助を成績さえ良ければほとんど自由に受けることができた。アメリカという国の複雑さ、ふしぎさを身をもって体験した次第である。筆者の在籍していた西部の大学では西部独特の開放感、積極性、楽観性と共に大手を広げて誰とでも友人になる強い平等観があった。これは口で説明するのはむずかしく、直接体験しなければ理解できないすばらしい平等意識である。

筆者は目下の者に対して威張り散らす日本人、相手次第で口調を変える日本人、相手の弱みを見つけてそれを攻撃することに喜びを感じる日本人のいやらしさに辟易していたので、大学の先生や友人たちが筆者に対して示した強い平等意識と開放感、そして何よりも私という一個人に対する尊敬の態度は日本では体験したことがなく、すばらしく感じられた。

最も驚いたのは、先生や友人と一緒に歩いていて、建物の入口や出口まで来ると、ほとんど必ず二、三歩先に行き、筆者のためにドアを開けてそれをおさえ、筆者を先行させる礼儀正しさと思いやりの深さであった。たしかにここには筆者が外国人であるため、という理由もあったものと思われる。もっともこれは一緒に歩いている人物が男性である場合で、それが女性であったらこちらがそれをする立場になる。そして女性に対して礼儀正しくするのも楽しいものである。

そして性別に関係なく、顔見知りではない人物が二、三メートル前を歩いていてドアを開けると、必ず後から誰か来るかどうかを確認し、それが筆者である場合でもドアをおさえて待っていてくれるのであった。これらの行動はすべて常識で、誰でもごく当たり前のことと考えていた。日本では当時でも今でもとても考えられない。日本でこれと同じことを実行してみると、ほとんどの日本人は驚いたり、ふしぎそうな顔をしたり、この人はバカではなかろうか、といった反応を示したりする。戦争が終わってわずか一〇年ほどしか経っていないアメリカで、ごく当たり前のアメリカ人が筆者に対して示した態度には深く印象づけられた。

しかしこれも結局は単にアメリカの一面でしかなく、すべては相手次第というのが当時のアメリカの実態であった。日本とは全く違った意味での「すべて相手次第」という共通点を発見する結果となってしまったのである。同じ筆者の大学でも、アフリカ系の学生に対する態度はひどく、筆者が入学するわずか数年前までは大学寮に入居することさえ認められていなかった。大学の寮に入居できないようでは下宿をするなどさらにむずかしくなる。これでは大学には入れてもらえないのと同じである。

この大学町の最良のホテルがアフリカ系の世界的なアルト歌手マリアン・アンダーソンの宿泊を拒否した、というのも当時よく知られていた話であった。元敵国の国民である私に対してはこのように礼儀正しくふるまい、その敵国に対し一緒に戦ったアフリカ系市民には手のひらを返したような態度をとるのを見て本当に考えさせられた。

結果の平等

人種や民族に関係なく、すべてのアメリカ国民に条件の平等と手段の平等を与えることを要求したのが公民権運動であった。その結果、二〇世紀の半ばから比較的短期間のうちに選挙権と被選挙権の平等や教育の機会均等は事実上ほぼ実現したと言ってよい。しかしそれでもアフリカ系市民の学歴、収入、社会的地位などは予想されたほどには改善されなかった。つまり条件の平等と手段の平等を獲得しても、学歴、収入、社会的地位に関しては平等にならなかったのである。これについては社会学者たちが各種の説明をしている。

その結果、一部の活動家や思想家は三番目の「平等」というものを主張し始めた。結果の平等である。この考え方の主張は次のようなものである。条件の平等と手段の平等という二つの原則にしたがって人びとが各種の目標に到達することに努力しても、成功する人たちと失敗する人たちが現われてしまう、立派な学歴、高い収入、高い社会的地位を得て成功すればよいがそうでない人も現われる、これは平等ではない、したがって人間はここでも平等でなければならない。

結果を平等にする、という主張は具体的にはどのような政策になるかというと、極度の収入の差を排除し、場合によってはすべての市民に最低限度の収入を保障したり、最低限度の医療を保障したり、といったことを意味する。これは一見理想化された社会主義や共産主義（つまりこれまで実行された社会主義や共産主義ではなく）のようにも見えるが、それには関係なく、古典的な自由主義の観点からでも導き出される可能性である。

条件と手段の平等と多様性

これら三つの平等観は人間の多様性の保持とどのような関係にあるのであろうか。人間の多様性は必ずしも条件の平等や手段の平等がなければ保持できない、という性質のものではない。これら二種類の平等がなくても、生物的、心理的、文化的な多様性は存在する。事実、近代と現代の世界ではこれら二種類の平等というものはそれほど主張されず、実行もされていない場合が多かった。人種、民族、性別、身体障害などの生物的多様性を理由とした差別は普遍的に存在しても多様性が消滅したわけではなく、むしろそのような差別の体験にもとづいた文学作品などはある意味では多様性の事実を強調する結果となった。

これは心理的多様性についても言える。ある人が社会の常識とはかけ離れた考えをもっている場合、条件の平等や手段の平等の恩恵を受けることができなくても、これで必ずしもその考えが消えてなくなるわけではない。急進的な革命家が不当な禁固刑に処されても自らの思想を本にしてその考えを他人に、そして後世に伝えることもできる。思想が危険であるとされ、処刑されてしまっても著作は後世に残る。著書を発売禁止にすることはできるが地球上から抹殺することはむずかしい。

文化的な多様性の場合には次のようなことが言える。条件や手段の平等は原則的にある特定の文化、通常はアメリカなり日本なりというある特定の文化の中での問題である。条件や手段の平等は他の文化に外部から強制する性質のものではない。これは通常ある文化内での下位文化、対抗文化の問題である。すでに第1章で説明したが、下位文化というのは文化の中に存在する、いわば文化の中の文化で、例えばアメリカであればアフリカ系とかメキシコ系アメリカ人の文化などである。対抗文化とはなんらかの観点で主流派の文化に対立した考えを意識した下位文化とでも表現でき、例えば麻薬の文化、マフィアの文化などである。

したがって下位文化や対抗文化の中の人間は主流派の人間とは異なった考え、思想、世界観などをもっていることもあり、これは心理的多様性と似たような状態にあるわけである。ここで考えられる可能性は極度の平等観にもとづく政治思想により、下位文化や対抗文化を好ましくないものとし、政策的に社会の均一化をすれば多様性に反する結果を生み出す。ここでの政策とは条件や手段の平等である。下位文化や対抗文化の存在は必ずしも好ましくないとか反社会的であるとかいう性質のものではなく、主流の文化とは異なるだけの場合もある。下位文化や対抗文化を制限したり禁止するかどうかの問題は、負の自由を侵害しているかどうかの基準のみで判断されるべきである。

下位文化にはあらゆる種類のものがある。例えば核物理学者たちは門外漢には理解できない特殊な知識をもち、新しい理論を考えだし、それを実証したり、それに近い形の結論を導きだす。核物理学者になり、立派な研究成果を出すには人並みはずれた知能と努力が必要である。才能があり、将来性のある生徒を貧困家庭からでも見出し、立派な教育を与え、研究者、学者として育てるのに手段の平等が必要であるのは明白である。この場合には手段の平等が多様性に役立つ。

結果の平等と多様性

結果を平等にすると多様性の問題はどうなるであろうか。他の二種類の平等とは異なり、これは多様性を保持し強化する効果をもたらすことが明白である。結果の平等という考えの根本にあるものは、すべての人間の人間としての価値が平等である、とするもので、人間として人間らしく生きる権利を保障する思想である。これは多様性を保障することにもなる。この考えが具体的に政策として実行される場合、もっとも好ましい結果を生み出すのは生きてゆくのに最低限必要な収入の保障、最低限必要な医療の保障、そして老後の生活の保障である。

なぜこのような保障が多様性に貢献するのかは次のように説明できる。科学、思想、芸術などの分野で特異な発想、それまでになかったような作品、まったく新しいものの見方や考え方(いわゆるパラダイムのシフト)、新しい方法の発見などは既成体制の立場から見れば異端視され、非難されたり排斥される場合がある。しかし長い目で見ると、異端であるために人類の文化と文明に貢献する可能性もあるのは否めない。これは事実として誰もが認めなければならない。

異端視され排斥された芸術家、思想家、哲学者は、職につくことができなかったり収入の道を閉ざされてしまうこともある。極端な場合には心理症の人間と見なされたり、危険分子と見なされて禁固刑に処せられてしまうことさえある。このような人たちの存在が必ずしもすべての観点から好ましいとは言えないかもしれない。しかし人類の多様性は積極的に評価すべきであり、なによりもすべての人間の人間としての存在、考える自由、というものを認めるべきである。その意味ですべての人間に最低限度のものを保障すべきであり、結果の平等という考えはこの観点から、そしてこの観点のみから支持されるべきである。

しかし現在の西洋文明では結果を平等にする、という考えは事実上無視されている。それには当然の理由もある。条件と手段を平等にするのは西洋文明の伝統的な思想に従ったものであり、西洋文明の中で生きる人びとにとっては啓蒙思想以来の理想をより現実的にしたもので、これなら受け入れることができる。それに対して、結果を平等にするのは西洋文明の観点からすると異質である。

結果の平等の必要性

これには政治思想的な理由もある。資本主義の観点からすれば、本来資本家は失敗する危険を冒して自らの財産を抵当に入れたり自らの資金を投入して事業を起こすという賭けをしている。失敗すれば一文なしになる可能性もある。従って成功すればそれ相応の報酬として儲けた金を自分のものとし、金持ちになることは立派なことで誇るべきことである、という考えが資本主義の根本にある。

確かにこれは日本でも西洋でも資本主義の初期では事実であった。しかし現在の成熟した資本主義社会の巨大企業では話が違う。株式会社で組織された巨大企業や多国籍企業では資本家というのは実は数多くの株主であり、そのほとんどは事実上会社運営に対する影響力などもっていない。会社を運営するのはいわば雇われマダムのような企業経営の専門家であり、自らの財産を抵当に入れたり、自らの資金を会社経営につぎ込む、などということはしないし、その必要もない。にもかかわらず、資本主義初期の思想はそっくりそのまま生き残り、このような企業経営の専門家はアメリカなどでは常識はずれの収入を得、会社が赤字になっても倒産しても痛くも痒くもない。この事実を考えると、社会の中に極度の収入差があり一方では医療手当を受けることもできず、飢え死にをする人たちが存在するのに、他方ではお金の使い道に困るほどの財産を蓄積する人が存在するのは、人道的に、また道徳的に好ましくない。

この観点からすると、先進国の成熟した資本主義社会では野放しの資本主義というものは好ましくない。少なくともすべての国民に対し収入の保障、医療の保障はなされるべきであり、それは結果を平等にする政治思想から始まる。社会主義の計画経済、統制経済は別の考え方であり、それなりの意味もある。しかし経済の効率、経済成長、国を豊かにする、などという点から見れば、どう見ても資本主義に劣る。これこそが中国が社会主義の計画経済から資本主義に切りかえた理由であった。社会主義、共産主義、資本主義など経済に関する「主義」はいろいろあり、どれをとっても極楽の世界ではない。長所も欠点もある。資本主義も例外ではない。

資本主義の礼賛者でも結局は人間であり、人道的、道徳的な関心もあり、良心もある。資本主義者でも、社会の中に極度の収入の差があるのは好ましくないと考える。その興味ある例として資本主義理論家そのものとも言える、経済学者のミルトン・フリードマンが提案した「負の所得税」の理論がある。これは極度の所得格差を減少させる政策案であるが、この理論が真剣に取り上げられ、政策として実行されたことは事実上ない。西洋文明の伝統的な平等観に反するためであろうか。しかし筆者はこの理論を本書で採用したい。これは第7章でくわしくのべることとする。

第4章　民主主義とは何か

現在「民主主義」という表現が用いられる場合、一般に次のようなことを意味するものと解釈されている。ある国なり地域なりで人種、民族、宗教、性別に関係なくすべての成人が選挙権をもち、立候補をしている人物の中から政治の代行者たちを選び、これらの代行者たちが一般市民の意見を反映した政治を実行するという政治方式である。すべての成人も立候補をする権利を与えられているものとされている。

古代ギリシアの民主主義では、選挙権と被選挙権は住民たちすべてに認められてはおらず、これは現在の民主主義の観点からすると「民主的」ではない。多様性の観点からすると、当然のこととして現在の民主主義は古代ギリシアの民主主義よりは望ましい。

多様性を無視する民主主義

しかしそれだけで現在の民主主義は人間の多様性を反映した政治体制であるという結論にはならない。現実には現在の民主主義の方式は、ほとんどの場合何らかの形で多様性を拒否したり無視している。具体的に次のような四つの問題点があげられる。それは、①政治を政治家に依頼するために失われる各有権者個人の独自性、②足切りのために発生する一部の意見の無視、③政党政治がつくりだす全体主義、そして、④多数決の結果無視される少数派の意見、の四つである。以下この四つの問題を説明してみたい。

第一の問題は政治家に政治を代行させることによって発生する問題である。厳密に考えると、一人ひとりの人間は何らかの形で独自である。世界中の人間すべてを比較することは事実上不可能であるが、すべての点でまったく同じように考え、まったく同じように行動する人を二人見つけるのは無理ではないかと推測できる。一緒に育った一卵性の双生児は心理的に近似しているが、それでもすべての点でまったく同じには考えない。クローン人間が現われるのは時間の問題であるのかもしれないが、それは一応ここでは考慮しないことにしておく。

したがってある有権者が立候補者たちの主張を検討すると、どの立候補者にも満足できない、という場合がめずらしくない。これは誰でも知っていることで、選挙管理委員会のような組織は「自分の考えに一番近い人に投票すること」という助言をしてくれる。有権者には二つの選択肢がある。それは、①自分の考えに一番近い人を無理に選び出し、自分を無理に納得させ、その立候補者に投票するか、または、②投票しなかったり無効投票をして自分の意思を選挙に反映させない、の二つである。

ここで注目すべきことは、どちらの選択肢を選んでも人間の多様性に反する行動になってしまう点である。どちらの場合でも有権者というある特定の人間の独自さが失われてしまう。最初の選択肢を選べば、ある有権者が投票された立候補者と同一人物になってしまい、二番目の選択肢を選べばその有権者が地球上に存在しないことになってしまう。

足切りの問題

第二の問題は足切りである。世界各国で一般的に用いられている方法によれば、ある政党の獲得した投票数が、有権者数または投票総数から割り出した一定の基準数値に達しない場合には失格とし、その政党を信頼して投票した有権者を代表させない。例えば立候補した選挙区の有効投票総数の四パーセントなり五パーセントなりの投票を獲得しなければ失格になる、というやり方である。これでは投票した有権者は存在しないことになる。

この方法を実行する口実として、獲得投票数の少ない政党まで代表させると、議会を効果的に運営することができない、と主張されるのが常である。そして驚くべきことには、それでは「民主主義が機能できない」などという議論さえ聞かされる。しかしできるだけ多くの意見に耳を傾け、あらゆる可能性を考慮し、その結果決議をするのが民主主義なのである、というのが筆者の理解する民主主義である。そうではないであろうか。議論百出になり、時間をかけて最良の結論に達する政治方式が民主主義なのではなかろうか。

現実的に考えて、足切りをする必要があるのは理解できる。しかし足切りをする基準数値を何パーセントにするかはいい加減である。なぜ三パーセントではなくて四パーセントなのであろうか。なぜ四パーセントではなくて五パーセントなのであろうか。「民主主義」を効果的に運営したいのであれば、足切りの数値をはるかに高くし、例えば二〇パーセントにでもすれば弱小政党は自動的にそして効果的に無視することができ、これら弱小政党の支持者も自動的にそして効果的に無視することができ、一党または二党だけの独裁政治になり、政治はしごく簡単になる。

二党独裁の全体主義

アメリカの政治学者セイモア・マーティン・リプセットはアメリカの「民主主義」が世界で最良のものと信じ、その理由は民主党と共和党という二大政党が存在し、この二政党が交互に政権を担うから、と主張しているが驚くべき考え方である。一つの政党による独裁政治ではなく、政党が二つ存在し、一方が選挙民によって拒否されたら他方が政権を担うから独裁ではない、したがって民主主義の政治である、という主張である。全体主義の国が一党独裁であるのは非難し、二党が独裁するアメリカは「民主主義」の理想である、といった考え方がアメリカ人の考える政治学である。

日本で自民党による事実上の一党独裁政治が長い間つづいた後民主党が現われ、これがアメリカ式の二大政党による本当の「民主主義」の政治になる、と喜んでいる無邪気な日本人もいるようであるが、現実的にはほとんど違いのない二大政党による、わずか二つの選択の可能性しかない政治は二党独裁と呼ぶべきである。これでは事実上一党独裁と同じであり、国民はなんの変化も恩恵も感じることができない。変化や改革は弱小政党の政策に見出される場合がしばしばあるが、このような政党を閉めだし、カルテルのような政治をするのは国民のための政治ではなく、大政党の利益のための政治である。これが腐敗と汚職の政治になるのももっともである。

有権者の影響力

ある選挙区に存在する有権者数に対してその選挙区にわりあてられた議員数の比率は、すべての選挙区で一定ではない。これは日本で長い間マスメディアなどで取り上げられ、裁判にまで持ちこまれている周知の「一票の重み」の問題であり、問題の核心はある特定の選挙区の有権者が政治に及ぼす影響力が別の選挙区の有権者に比較して過大である、または過少である、という問題である。これは人間思考の多様性には直接関係はないが、この種の不公平さが存在することによって、独自の考えを持っている立候補者が当選したりしなかったりは選挙区次第という結果になる。これは結果としては足切りの問題と同じである。

政党が強制する全体主義

第三の問題は政党政治による全体主義である。筆者の知る限りでは、世界で実行されている「民主主義」の政治は政党政治である。各種の政治思想にもとづいていろいろな政党が結成され、これらの政党が立候補者を決め、当選した人たちが議員となり議会での議決に参加する、というのが原則である。この方式ではすべて党という組織が優先し、各議員は党員として議会で機能する。ということは議員は個人としては存在せず、単なる議決の場合の投票数になってしまう。無所属で立候補し、無所属で議員活動をする場合も確かに存在する。しかし無所属の場合でも既成政党が推薦をするのが通常であり、政党政治に準じてしまう。そして無所属で立候補しても当選すれば既成政党の党員になってしまう場合が多々あるのもご存知のとおりである。

人間が霊長類の動物であるという事実を考えれば、議員になっている各個人は独自であり、当然の結果すべての点で所属する党の政策や見解には同意できない場合が発生する。しかし党は組織として行動し、党として態度を決定し、党として議決をするのが原則であるので異端者や反対意見をもつ者は認めない。党執行部はある特定の方針に従うように全党員に圧力をかけ、それに従わない党員は除名もする。そして次回の選挙では従わなかった党員は党員として公認されなくなる。

　これでは異端者は新しい党を結成するかまったくの無所属で立候補するしかない。政党政治の世の中では議員になるのがむずかしくなってしまう。極端な表現をすればこれは一種の全体主義であり、事実上すべての政党がこのやり方を実行しているわけであるから議会政治なるものは全体主義対全体主義対全体主義の争いであると表現できる。

　しかも党の態度を決定し党の方針を決めるのは総裁または委員長と執行部という権力者たちであり、この少数の人たちが党のすべてを決定してしまう。民主主義とはほど遠い現実である。「民主主義」の議会政治では立候補者が有権者からどれだけ票を集めるかが最も重要な課題である。スポーツ界、芸能界などの有名人なら票を集めることができるため、各政党はそのような人たちを公認し、立候補させ、議員にする。しかし党員にしてしまえばいかなる有名人であっても議会では党の単なる駒でしかない。そのような有名人は選挙運動の時にはいかにも新しい政治、すばらしい政治をするかのような発言をするかもしれない。しかし執行部は党の方針にそぐわない選挙運動の時の公約などはすべて無視してしまう。

多数決の悪

第四の問題は多数決の原則である。「民主主義」といえば「多数決」と誰でも連想するほどこれら二つの概念は密接な関係にある。多数決で集団の決議をするのは幼稚園や小学校のレベルから実施されることとさえあり、いわば我々は三つ子の時から「民主主義とは多数決のこと」、「多数決で民主主義が機能する」と洗脳されてしまっている。確かに多数決はある一人の人間が誰にも相談せずに物事を独善的に決めてしまい、それを関係者すべてに有無を言わさずに強制するよりはましかもしれない。しかし多数決の民主主義とはそれほどバラ色なものではない。

「多数決」なる意思決定の原則は通常「過半数」と同じである。「過半数」とは半数以上という意味であり、意思決定をする人びとの半数以上、つまり五〇パーセント以上の人たちが賛成なり反対なりの意思表明をすればそれがその集団としての決議になる。ここに問題がある。もし九五パーセントの人たちが賛成なり反対をすれば、それは疑いなく過半数で「民主的な」意思決定であり関係者は皆喜んでいられる。しかし現実はそうではない。九五パーセントの人たちが完全に一方的な意見をもっていてそれを投票で意思表示をすることはまずない。通常の投票ではこれははるかに低い数字であり、五〇パーセントを多少越えた数字で落ち着くのがほとんどである。

例えば五一パーセントの人たちが賛成したとする。これは確かに過半数で理屈では問題ない。しかしこの数字が同時に示しているのは四九パーセントの人たちは賛成をしていない事実である。それは明らかに反対投票をした人を含んでいるが、その他に賛成できなくて無効投票をした人もあろう。しかしその内訳は重要でない。重要なのは賛成がわずか五一パーセントでしかないという事実である。ということは有権者のほぼ半分が賛成していないという事実でもある。過半数の原則によれば半数以上の人たちが賛成すればそれが集団としての賛成の意思決定と見なされ、これが民主主義であるということになる。

しかし半数とほぼ同じ数の人たちが賛成していないのは無視されてしまう。民主主義なるものが民意を表わす政治方式であるのなら、これでは「民主的」ではないと主張できる。ヨーロッパ各国でヨーロッパ連合に参加するかどうかの国民投票を行なったが、いくつかの国では事実五〇パーセントをわずかに越えた賛成しか得られなかった。しかしこれらの国は賛成したことになりヨーロッパ連合に参加した。それと同時に国民のほぼ半数がヨーロッパ連合に反発したり反感を持ったりし、現在に至っている。当然である。

信じられないお金の浪費

しかし政治家たちはこのような簡単なことが理解できない。ヨーロッパの人たちがヨーロッパ連合に無関心だったり反感をもっているのは広報活動が不十分であるためと信じ、ヨーロッパ連合がどれだけすばらしいかを宣伝している。そしてヨーロッパ連合の信じられないようなお金の無駄使いについては沈黙している。

例えばヨーロッパ連合には議会は一つではなく、何と二つある。ブリュッセルとストラスブールの二箇所である。これは二つの別々の議会があるということではない。その中に着席して審議する議員たちはまったく同じなのである。したがって議員たちはもちろん、議会関係者のすべてがこの二箇所を往復している。

具体的な数字をあげると誰もが驚く。約一四〇〇人の職員、約一五〇〇人の政治関係の補助職員、そして六台のトラックに載せられた約四〇〇〇の箱に詰められた書類が年に一二回もの往復をしている。この他に会議のある週にはトラック一台が往復する。そして会議のあるなしに関わりなく、週に三回二台のトラックが往復する。この往復にかかる費用は一億三七〇〇万ユーロで、これは議会の予算の一五パーセントであるとのことである。日本はヨーロッパ連合に参加していなくてよかった、と喜ばなければならない。

バラ色に描かれる「民主主義」

今日の西洋文明、そして事実上その配下に組みこまれてしまった日本では、「民主主義」という表現は宗教的な教義同様になってしまい、事実上のドグマである。「民主主義」なるものを疑問視すれば直ちに「反民主的」、「ナチス」、「ファシスト」などと呼ばれてしまう。占領下の日本では、終戦までの日本は「封建的」でありすべてが悪であった、これからの日本は西洋文明の国々のように「民主主義」の国になれ、と連合軍が学校やマスメディアを通じて一方的に教えこんだ。

日本の社会で好ましくないことはすべて「封建的」と描写され、「民主的」なことはすべて優れている、とされてしまった。これでは一種の強制的な宗教改革である。連合軍の教育機関であった民間情報教育局（CIE）によってこのように一方的に教えこまれた日本の一般国民は、昔ながらの「長いものには巻かれろ」、「お上に逆らってはいけない」、「泣く子と地頭には勝てぬ」の心理で反対もせず、または反対もできず、「民主主義」を導入する社会改革に従ったのであった。

誤解を招かないために明記しておくが、筆者は「民主主義」が悪くて「封建主義」がよい、などと言っているのではない。筆者が述べているのは「民主主義」という非常に抽象的な政治概念が、あたかも特定宗教の教義のように一方的に日本人に教えこまれたことを指摘しているだけである。宗教であれば、一応「信仰の自由」でどの宗教でも自由に選べるはずであるが、占領下の日本では政治方式選択の自由は存在しなかった。

「民主主義」の概念が、ある特定宗教のドグマ同様になってしまっているのは西洋文明の国々でもまったく同様である。「民主主義」の美名のもとに政治家たちが腐敗した政治をし、汚職をし、賄賂を手にいれ、私腹を肥やすのは日本だけではなく、程度に差はあるものの西洋文明各国に一様に見られる。これは世界のマスメディアが毎日伝えてくれているので特に長々と記述する必要さえない。「民主主義」は確かに社会の中の一部の人間たちにとっては好ましく、望ましい方式である。これらの人たちの観点からすると「民主主義」は断固として死守しなければならない。税金を浪費して「民主主義」を宣伝し、他の政治方式をすべて悪であるとするのも、もっともである。

「民主主義」維持の手段

「民主主義」の体制の中で「民主主義」の恩恵をこうむっている政治家と陰の権力者たちは、あらゆる手段を用いて「民主主義」がいかにすばらしいかを国民に伝える。「民主主義」の国々を観察すると、通常三つの方法がとられている。その方法とは、①他の政治思想を不当に描写したり一方的に悪者呼ばわりをすること、②マスメディアなどの公開討論から他の政治思想を締め出すこと、③既成政党がカルテルを組み、新しい考えの党を政治から締め出すこと、である。

一番目の方法は、他の政治方式を不当に描写したり、一方的に悪者呼ばわりをすることによって、目的を達成する方法である。現在の西洋諸国で実行されている「民主主義」は、すでに述べたように、市民の意思を反映しているものとは言えない場合が多々ある。当然の結果として不満をもつ市民も多く存在し、さらに当然の結果としてこのような不満を根底とした政治思想が現われ、それにもとづいた政党も結成されることになる。

例えばデンマーク、オーストリア、ノルウェー、スイスなどといった小国では、啓蒙思想にもとづいて難民を受け入れ、それぞれの国の地方自治体に難民を割り当てて人生の再出発をさせていた。難民の数が少ない初期の時点ではそれほど問題にもならなかったが、その数があまりにも多くなると、いくら豊かな国でも財政負担の問題となってしまう。

難民が強姦や傷害などの犯罪をおかしたり、西洋文明の思想に反した行為、たとえば女性や子供の虐待、未成年者の強制的な結婚、さらには補助金や助成金の詐取などの出来事が明るみにでれば、実例が比較的少数であっても、一部の市民の間に反難民、反移民の思想が生まれるのもしごく当然であり、これを反映した政治活動が生まれ、政党が結成されるのもしごく当然である。

一方的な悪者呼ばわり

このような現実的な問題を実地に調査するならよい。しかし問題の核心には触れず、なぜこのような政治思想が生まれ、なぜそれにもとづいた政党が結成され、なぜそれに共鳴する市民が現われるのかについては考えてもみない。既成政党はこのような政党を最初から「人種主義の政党」と決めつけ、このような政党からの立候補者を「人種主義者」呼ばわりする。さらにはこれを「極右」とか「ナチス」とか「ネオナチ」とか「ファシスト」と描写したりする。マスメディアには多分にこの傾向がある。

しかしある政治家を「ナチス」と呼ぶ場合、それにはそれだけの根拠がなければならない。つまりその政治家が昔のナチスと同一のまたはそれに非常に近似した思想をもち、ナチスと同じまたはそれに非常に近似した政治行動を実行したり、それを大衆に向かってそそのかすのであれば「ナチス」と呼んで適切であろう。過去に起こった人類の悲劇は繰り返してはならない。

本物のナチスの最悪の犯罪とされているのは強制収容所、人体実験、ガス室であり、ある政治家がこれらの行動を公式に提案したのであればその政治家は誰の目にもナチスである。しかし筆者の知る限りでは、二一世紀はじめのヨーロッパでこのような行動を提案している政治家は存在しない。単に「右翼」的な思想の持ち主であるからといって、ある特定の政治家を「ナチス」と呼ぶのは好ましくない。呼ばれている政治家にとっては事実の歪曲であり迷惑である。しかし言論の自由なるものが認められている世の中では、名誉毀損の可能性はあるものの、この程度の描写では裁判にもち込んでも有罪判決にはならない可能性もある。

被告よりも劣る人格の無視

しかしここにはそれ以上の重大な問題がある。文明国と自称する国々では、疑いだけでは人を罰してはいけない、という信条がある。ある人物が犯罪を犯したとして疑われても証拠不十分であれば罰してはいけない。そしてもし被告として裁判にかけられても、弁護人の弁護をうけて弁論して立場を説明するという、正当な裁判の手順を踏んで判決にいたる。それで初めて被告が有罪か無罪かが決まり、その後被告側、検察側のいずれか、または両方が判決に不満であれば上訴し、次のレベルの法廷で裁判を受けることになるのが文明国である。

この考え方を「極右」であるとか「極左」の政治家、政治活動家に当てはめてみると、次のようなことが言える。このような政治家、活動家は自らの立場を公式に説明し、他の信条をもつ政党なり政治家と討論する機会を与えられる権利がある。これこそが本当の民主主義である。犯罪を犯したとして疑われたり非難されている被告は弁護士と共に立場を説明する権利が認められているのであるから、非難されている政治家が非難の根拠が正当なものであるかどうか、事実にもとづいたものであるかどうか、という点を第三者によって客観的に判定される機会を与えられるのが当然である。

公式の討論から締め出す偏向性

しかし驚くべきことにはこの基本的な人権が、「極右」、「ナチス」、「ネオナチ」、「ファシスト」と悪者呼ばわりされている政治家や活動家には認められていないことがしばしばある。これが二番目に見られる「民主主義」を維持する方法である。法廷では被告は弁護士と相談して立場を説明する。非難されている政治家の場合にはマスメディアなどによって立場を十分に説明できる機会を与えられればよい。国によっては、そして場合によってはテレビなどの公式の討論で発言を許されることもある。しかし国によっては、そして場合によってはこれが認められていない。

すでに議席を持っていない政党は公開討論には参加させない、などという公式のもっともらしい説明がされることもある。これでは新しい政党は公開討論には永遠に参加できない。

別の説明は「反民主的な」、「ナチスの」、「ネオナチの」、あるいは「ファシストの」政党は公開討論に参加させることはできない、というものである。しかし参加させることによってそのような政治家が本当に「反民主的」なのか、「ナチス」なのか、「ネオナチ」なのか、「ファシスト」なのかの客観的な判断が可能になる。その判断は既成大政党の政治家やその影響や圧力を受けたジャーナリストたちではなく、選挙民がするものであり、すべての有権者はその権利がある。これは被告が自らの立場を説明するのとまったく同じで、被告には認められている人権が一部の政治家には認められていない、というふしぎな現実である。

非難されている政治家が全国民の前で自らの考えと主張を妨げられずに発表できれば、国民はそれが一体何であるのか、どんなものであるのか検討する機会を得る。そしてそれが本当の民主主義にとって好ましくないものであれば、全国民が一致して反対運動を組織し、そのような悪を排除できる。国民にその機会も与えずにマスメディアや一部の政治家が他の政治家を悪者呼ばわりするのはもっとも反民主的（正統的な意味での）である。

カルテルを組む既成の大政党

別の表現をすれば、既成の大政党は一種のカルテルを組み、新興政党、異端の政党、票を奪いそうな政党を初期の段階で阻止してしまい、自分たちの既得権を保持して行こうとする。これが三番目の「民主主義」を維持する方法である。これはエゴイズムそのものであきらかに反民主的である。この被害を受けるのは「右翼」の政党だけではない。既成の大政党にとってはうさんくさい、目の上のたんこぶのような党はすべて対象になる。

例えばヨーロッパ連合への議員を選出する選挙がスウェーデンで行なわれる場合、『ユニ・リスタン（六月の立候補者たち）』という党が立候補者を立てると既成大政党はできるだけこの党にけちをつけ、公開討論には参加できないようにされている、というのがこの党から出される苦情である。『ユニ・リスタン』は「左翼」でも「右翼」でもなく、党の主張はヨーロッパがあまりにもブリュッセル中心の政治となり、スウェーデンの独立性が失われるのに反対する、というものであり、これはヨーロッパ連合がすばらしい、と信じている既成大政党の考えに反するためである。

一九九〇年代の始めにスウェーデンに存在していた『ニュー・デモクラティ（新しい民主主義）』の場合も同様で、この党は既成大政党に批判的であったため、マスメディアから無視されることが多く、マスメディアが党のことを取り上げても偏見に満ちた公平ではない情報であった、と党首が明言していた。

マスメディアは政治には中立の立場で、すべてを客観的に伝えるのが任務である。しかし現実はこの理想とは程遠く、ある特定の政治思想、政党、政治家、などの召使になってしまう。この問題も我々にとってはおなじみで、イタリアのマスメディアのほとんどを事実上操作していると言われているベルルスコーニなどは有名な例である。ベルルスコーニの影響下にあるマスメディアはそうではないが、西ヨーロッパではマスメディアは社会主義、社会民主主義に共感的な態度を示す傾向が大変強い。マスメディアが現代人に及ぼす影響力と圧力は強力で、マスメディアを制する者が政治を制し、国を制することになってしまう。したがってマスメディアを支配さえすれば、既成体制が新興政党や異端政党を政治から効果的に締め出してしまうのはいとも容易である。これでは民主主義（正統的な意味での）は機能できない。

「右翼」と「左翼」が出現した理由

政治思想を語る場合、人間の多様性を無視し、異なった考えをもった人びとを無理やりにおおざっぱに分類してしまい、あたかも多数の人びとがすべて同様に考えたり反応したりするように見なしてしまうのは明らかに全体主義の強制であり、事実の歪曲である。ここには物事を簡単に処理できるという利点もあるかもしれない。政治家にとっても大衆にとっても、政治を白と黒、善と悪に簡単に分類できて人間思考の複雑さにわずらわされる心配がなくなる。

そのもっとも極端な例は政治思想を「右翼」と「左翼」に分けてしまう現象である。周知のごとく、これはフランス革命後の国民議会で議長から見て右側に王制派が席を占め、左側に労働者や商人を代表する反体制の共和派が陣取ったという歴史に由来している。この過去から「右」が保守派、「左」が改革派を象徴することになった。現実的に考えて、人間は自分とは極度に異なった考えを持つ人の隣には座りたくない。そして激しい議論になれば殴り合いのけんかになる可能性もあり、議事進行に支障をきたす。したがって政治思想にもとづいて議員を分けて着席させるのは現実的で巧みな案であった。

単にそれだけのことであるのに、これはその後大変好ましくない結果ももたらしてしまった。「右」と「左」がそれぞれ個性のない、均一化された、単なる二種類の人間たちの集まりのように見なされてしまったことである。この単純化のあやまちが訂正もされず、現在に至っている。しかもさらに驚くべきことには、この「右」と「左」の思想が直線的なもの、とまで見なされてしまっている。政治学者のような一部の専門家や報道関係者までがこのような解釈をする場合もあり、この直線の中央には「穏健派」が存在すると理解されている。人間思考は多様であり、多くの人間の考えを記録するためには数多くの次元が必要である。それがわずか一次元にされてしまっている。この歪曲はどう考えてもひどすぎる。しかしそれが二一世紀はじめの政治と政治思想の現実である。

「右翼」と「左翼」の意味

考えようによっては、政治思想を「右」と「左」に二分してしまう方法は便利である。自分たちの政治思想を善とし相手の政治思想を悪とすれば、有権者には政治を善と悪、白と黒の問題として見せることができ物事が簡単になる。この二分法は最初のフランスでの王制派対革命支持派の問題から、次第に他の問題にまで拡大されてしまった。現在の日本では「右」は通常「右派」または「右翼」、「左」が「左派」または「左翼」という表現が一般的であり、場合によってはこれに多少のニュアンスの違いが見られ、各種の思想的対立問題として認識されている。これをまとめて「右翼」対「左翼」と表現すると、次のような認識が一般的である。

「右翼」という表現に密接に関連しているとされる概念は、保守、資本主義、軍国主義、帝国主義、国粋主義、人種主義、差別容認、不平等容認、これに対して「左翼」という表現に密接に関連しているとされる概念は、革新、社会主義、共産主義、反軍国主義、反帝国主義、反国粋主義、反人種主義、差別反対、不平等反対などである。日本ではこの他に「右翼」は「暴力団」という連想をする人もある。これらの二分化された概念が明確であり、どんな場合でも簡単に「右翼」と「左翼」にあてはまるのであればこの二分法はそれなりの意義がある。

「右翼」そのものである「左翼」

社会主義または共産主義の体制は、この二分法の常識で判断すれば明らかに「左翼」であり、「左翼」であれば「右翼」の特徴が存在することはないはずである。しかし現実はそうでない。ソ連は誰がどう考えても「左翼」の国であった。しかしその現実は「右翼」そのものであったと言ってもよい。

軍国主義によってバルト三国、東ヨーロッパを次々と侵略してその支配下に入れ、日本の北方領土は占領し、一九五六年のハンガリーの自由化運動、一九六八年の「プラハの春」の時には軍隊を投入して抑えつけ、ソ連体制に不満をもつ民族はソ連内各地に強制移住させ、人種や民族に関係なく、反体制思想の市民は精神病院や刑務所にいれられ、さらには処刑までされていた。

ソ連での職による収入の差も極端であった。一九五〇年の超高級官僚の月収は最低収入の労働者の月収の一〇〇倍であったとされている。一九五九年に労働者と被雇用者の三分の二以上の月収は平均約六〇新ルーブルであった。これに対し一九六〇年の学者や研究者は一五〇〇新ルーブルまでの月収を得ることができ、オペラ歌手は二〇〇〇新ルーブル、工場長は一〇〇〇新ルーブルまでかせぐことができた。一九六五年の国民の平均月収は約九五新ルーブルであったのに対し、高級官僚の月収は約四〇〇〇新ルーブルであったと推定されている。同じ一九六五年には最高給は最低給の四〇倍であったともされている。これは一九五〇年に比べれば差が減少しているが、それでも共産主義の建前とはほど遠いと言わざるをえない。収入差に関してはソ連は資本主義社会のアメリカそっくりであったわけである。アメリカと同じ資本主義社会の日本よりもはるかに収入が不平等である。

中国でも似たようなものである。漢族の支配に不満をもつ少数民族はソ連と同様、軍隊によって抑えつけられ、チベットは侵略され、新疆のイスラム教徒が中国支配に反対すると処刑してしまう。つまりソ連と中国の現実は軍国主義、帝国主義、国粋主義、人種主義そのものである。「左翼」というのは現実には「右翼」である、というのでは「右翼」と「左翼」という二分法そのものの存在意義がないどころか、これでは人心を惑わせる詐欺である。

ナチスと言えば「右翼」そのものであり、六〇〇万人のユダヤ人と一〇〇〇万人のジプシー、ウクライナ人、ポーランド人、ロシア人、同性愛者、身体障害者、政治犯、エホバの証人信者などが殺されたとされている。しかし「左翼」の大量殺戮も忘れてはならない。カンボジアではクメール・ルージュの共産主義政権下で三三〇万人が、中国では共産主義のために七七〇〇万人が犠牲者になったとされている。筆者はこれらの数字がすべて確かで信憑性があると断定する自信はない。犠牲者の数が多くなればなるほど数字を確定するのは困難になる。事実このような数字を客観的に確信をもって言える人は世界に存在しないであろう。しかし大量殺戮になってしまえば厳密な数字は問題の焦点ではなくなる。ここで言えることは、「右翼」も「左翼」も似たり寄ったりの人類に対する最悪の罪を犯している、ということである。

日本特有の「右翼」と「左翼」

日本ではなぜか「右翼」という表現から「暴力団」と連想する傾向があるが、一般日本人にとってはおなじみの街宣車が通常「右翼」的なこと、例えば国粋主義、軍国主義、人種主義と感じられる内容の発言を他人迷惑な高音でスピーカーから流しており、このようなことをしている人たちの一部は暴力団の団員であると信じられているためと思われる。しかし暴力ですべてを解決するという考え方は何も「右翼」だけのものではない。「左翼」ではやはりおなじみの「内ゲバ」があり、浅間山荘事件その他は有名になってしまった。

これよりもさらに日本的なのは戦後の日本での「右翼」と「左翼」の認識である。これは日本のいわゆる「戦争犯罪」、特に「南京事件」その他を取り上げる場合の認識である。世間一般の認識では「戦争犯罪」を認め、日本の非を認め、謝罪をする、というのが「左翼」で、「戦争犯罪」などは戦争にはつきものでどの国でもやっていることなのだから特に謝罪などする必要はない、とか「南京事件」なるものはすべて作り話で実際には無かったと主張するのが「右翼」とされている。筆者はこの件に関しては明確な発言ができるだけくわしく調査研究をしたことがないのでここで見解を述べることは差し控えておく。

しかしそれと同時に一つだけ不可解に感じられることがある。「右翼」にしても「左翼」にしても、ここでの議論の出発点は日本という国の行動だけに限定されていて、他の国の問題は除外されてしまっていることである。戦争は一人相撲ではない。必ず相手国が存在する。戦争を語るのであれば相手国の存在とその行動も考慮し、その相手国と日本との関係を長期にわたって歴史的に検討しなければ戦争について語ることにはならない。日本だけを取り上げて日本は悪かった、いや悪くなかった、と議論しているのでは知識の進歩にはならない。しかしこれが戦後日本の現実であり、戦後教育の現実である。

なぜそうなってしまったのかは容易に理解できる。日本を占領した連合軍は、日本は悪者であった、西洋はその悪者を征伐したのだ、日本は心を改めて占領した国に御詫びをしろ、と言わせるのが目標であり、これこそが民間情報教育局（CIE）の任務であった。ということは西洋は悪くない、日本だけが悪かったのだ、ということを小学生を含め、すべての日本人に教えこむことであった。占領下の日本の教科書は連合軍の指令にしたがって編集されたものであり、この方針が独立後の日本でも事実上継続している点に注意しなければならない。したがって戦後教育では西洋の悪は原則的に教えられていない。

西洋の悪

西洋の悪と言っても歴史上数多くあるが、特に日本に関連した事項を述べれば、スペインとポルトガルが共謀し、一四九四年のトルデシーリャス協定と一五二九年のサラゴサ協定によって世界を二分して自分たちの植民地とする構想、それに伴う日本分割の可能性、日本の植民地化の計画、日本人をカトリックに改宗させる案が挙げられ、実際、ポルトガル商人などによる日本人奴隷売買が横行した。徳川幕府による鎖国後を見れば、アメリカの拡大主義に端を発したペリーの開国強要の威嚇、開国後のハリスによる条約調印の脅迫があり、二〇世紀に入ってからは日本人のアメリカへの移民制限と禁止、アメリカでの法的な人種差別、国際連盟の人種差別禁止案の拒否等々が挙げられる。

西洋がこのような西洋の悪に対しては一切沈黙し、日本の悪だけを取り上げるのは戦勝国の立場からすれば当然であり、もし日本がその立場にあったならまったく同じ態度をとったものと推測してもおかしくない。現在の日本の「右翼」と「左翼」の両者がいわば西洋のこの術中に陥り、西洋の悪には言及せず、日本は悪くなかった、いや日本は悪かった、などと議論しているのは滑稽である。

西洋の悪については語らないという態度の一つは原子爆弾投下である。原子爆弾の被害について語る場合、「左翼」的な主張ではアメリカの悪ではなく日本の悪の結果である、というふしぎな議論になってしまう。日本が侵略戦争をしたからその天罰なのだ、という考えである。しかしよく考えていただきたい。日本国民に向かって原子爆弾を使用したのは日本政府ではない。アメリカである。これは明らかに戦争犯罪であり、人道に対する罪である。

この点に関しては明白でありまったく議論の余地はない。正統的な「左翼」の立場からすれば、アメリカの戦争犯罪を非難し、アメリカの人道に反する罪を国際的に糾弾し、ちょうどイスラエルがナチスの生き残りを追及し続けるように強力に叫び続けるのが当然である。しかし日本の「左翼」はなぜか沈黙している。結局は「左翼」の思想家たちもアメリカの世界支配の思想によって洗脳されてしまっている。日本共産党は「右翼」を誠に適切にも「アメリカの犬」と描写していたが、現実には「左翼」までもが「アメリカの犬」になってしまっている。日本の「左翼」はもう少しまじめで納得のゆく「左翼」(正統的な意味での)になる必要がある。

誤解を避けるために明記しておくが、筆者は「右翼」の立場を代弁しているのでは決してない。口実が何であっても戦争は常に悲劇であり、避けなければならない。戦争には必ず犠牲者があり、人道上の立場から犠牲者を出してはならない。非戦闘員の犠牲者はもちろんであるが、本人の意思に反して強制的に戦争にかりだされ、戦死させられた多くの兵士も戦争犠牲者なのである。筆者が言いたいのは、敗戦国の非だけを責め、戦勝国の非は無視するのは非論理的であるのに、「右翼」と「左翼」はこの極度に重要な点に気づかず、単に「日本は悪くなかった」とか「日本は悪かった」と議論しているだけという事実がおかしい、と指摘しているだけである。

朝鮮半島や中国との関係

日本と朝鮮半島との関係について語る場合でも、「左翼」の思想家は豊臣秀吉の朝鮮戦役や日韓併合のような日本側の行為だけを取りあげ、韓国朝鮮側の行為については沈黙している。一二七四年の文永の役では日本はモンゴル人、漢人、女真人、高麗人の混成軍によって襲撃され、壱岐が占領され多数の日本人が殺害された。この時の模様が高麗側の記録である『高麗史』の二八巻に明記してあり、それによると二〇〇人の少年少女が捕虜として高麗王と王妃に献上されたとある。

中国との関係でも「左翼」の思想家は「南京事件」その他の日本軍の行動だけを指摘し、中国側の行動には沈黙している。一〇一九年の刀伊の入寇は女真族（満州族）が壱岐、対馬、筑前を襲った事件である。女真族は漢族ではないが、現在の中国が自国の領土とする満州の民族で清朝を設立した民族であるから、定義上明らかに中国人である。この時約三〇〇〇人の女真族が五〇隻の艦船で襲来し、日本側で三六五人が殺され一二八九人が拉致されている。

日清戦争の時におこった中国軍による多数の日本兵虐殺についても「左翼」の思想家は無言である。この戦争の時、捕虜の人権を扱った一八六四年の最初のジュネーブ協定がすでに存在していた。日本は一八八六年にこれに署名していたため、中国人の捕虜はジュネーブ協定にしたがった扱いを受けた。日本軍の捕虜となった約六〇〇人の中国兵は東京に送られ、そのうち病気になっていたり負傷していた一一一人は申し分のない治療を受けた。これは日本側から見た記録だけではなく、中国側、そして第三者としてのアメリカ側の記録にも見られる。

例えば捕虜になったある中国人の指揮官は、中国軍の捕虜は日本人同様の手当てを受けている、日本人がどうしてこれだけ親切なのかわからない、と述べている。一八九四年一一月二一日付の『ニューヨークタイムズ』は、すでに一八七七年に設立されていた日本赤十字が最高水準の医療設備を維持していることを描写し「日本人はすばらしい」と書いている。これを裏付けるかのように一八九四年九月一五日付の中国の新聞『ペキン・ティエンツィン・タイムズ』は日本軍の救急車はすばらしいとし、中国軍もこのようになることを熱望する、と書いている。

中国軍の日本兵捕虜虐待

これに比べて中国軍の日本兵捕虜の取り扱いは極端に対照的である。中国はジュネーブ協定には署名しておらず、捕虜の取り扱いは好きなようにできた。アメリカの歴史学者ペインは日清戦争についての大変学術的で客観的な信憑性のある本を書いているが、ペインによれば中国側の捕虜取り扱いの残虐さは中国文化の優越感からくるものではないか、としている。つまり日本軍が中国と戦ったことは中国という優れた大国に反逆する態度とみなされ、それ相応に処罰されなければならない、と考えて捕虜を残虐に扱ったとする解釈である。

その結果、中国軍は日本兵の捕虜を拷問にかけたり、身体の一部を切り取ったり、斬首したりした記録が残っており、その詳細をこの本文に引用するのは一部の読者にとっては読むことができないほど残酷であるので、本書の終わりの「文献解説」の第4章のところで述べる。

中国軍の残虐さは日本側の記録だけではなく『ニューヨークタイムズ』にもくわしく記されているのでこの事実を疑うことはできない。中国軍の日本兵捕虜の虐待のひどさを知ったアメリカ人は激怒し、『ニューヨークタイムズ』は一八九四年の一一月二八日と二九日の一面にその実態をくわしく報告している。ペインによれば欧米では中国が日本に負けたのも当然だ、いい気味だ、と考えたとしている。しかし現在の日本ではこのようなことは知らされていない。戦後教育では教えてはいけないためである。

物事は「右翼」や「左翼」の立場だけから見るのではなく、すべて第三者の立場から客観的に眺めることが必要であり、その観点からすると、現代の日本で政治的考察を「右翼」と「左翼」のわずか二種類に分類してしまうのは百害あって一利なしである。「右翼」と「左翼」はどちらも思想的には二種類の全体主義である。「右翼」を攻撃すれば「左翼」、「左翼」を攻撃すれば「右翼」という考え方は、人間の思考はわずか二種類のどちらかでなければならない、という人間の心理的多様性の現実を無視した驚くべき議論である。

第5章　「自由、平等、民主主義」の理想と現実

日本には「本音と建前」という表現があり、日本人はこの考え方に従って発言や行動をする。これは親戚や友人などとの人間関係だけに見られるばかりではなく、官公庁、企業、各種団体、学校、犯罪組織などといったあらゆる種類の団体組織にも見られる。建前は公のものでもっともらしく見える。これに対し本音は人間が心の中で本当に考えていること、感じていること、しかし公にして他人に知られてはいけないことである。

日本文化の中に「本音と建前」が存在するのは、別に望ましくないことでもなければ恥ずべきことでもない。ある意味では本音と建前の二面性があることによって人間関係や組織の間の関係がより面倒でなくなり、社会がうまく機能することを助けてくれる。誰でも自分の過ちや欠点を公に指摘され非難されるのはいやである。それは他人が本音を公にした場合に発生しやすい。この本音を公にせず、建前を持ち出して問題に対処すればその問題を解決でき、しかも他人の感情も害さない、という一石二鳥の結果を得られることがしばしばある。

この「本音と建前」という現象は実は日本特有のものではない。外国文化にも存在し、現在の中国にも西洋にも存在する。英語では「ダブル・スタンダード」とか「ダブル・トーク」などという表現がこれに似ている。現代西洋文明の公式な価値観は「自由、平等、民主主義」である。これはアメリカ、西ヨーロッパの国々、ヨーロッパ連合が表向きに主張する価値観である。そして西洋文明が圧倒的な支配をする現在の世界では、これが国連などの国際機関の価値観である。この公式の価値観が現代西洋文明の建前である。

西洋文明の本音

しかし西洋文明にも本音がある。それは侵略主義、植民主義、人種主義である。西洋文明の建前である「自由、平等、民主主義」は西洋文明の過去の歴史上発生した啓蒙思想にもとづくものである。啓蒙思想そのものは貴族の圧政と教会の独裁的な支配に反発したブルジョア階級の心理から発生したものである。したがって啓蒙思想、そして「自由、平等、民主主義」の価値観は単に西洋文明というある特定の文明内で、ある特定の歴史的過去から生まれた考えである。

これは物理や化学の法則などとはまったく異なった性質のものである。さらに付け加えれば、物理や化学の分野でさえ、法則は自然現象をよりよく理解するための単なる仮定にすぎない。これは現在の天文学者たちが、ダークマター、ダークエネルギー、ビッグフリーズなどという、これまでの宇宙像をくつがえすような仮説を真剣に考えているのを見れば容易に理解できる。そしてここに科学が進歩する理由と共に知識のはかなさが感じられる。

にもかかわらず、物理や化学の法則よりもさらに一時的ではかない性質のものである現代西洋文明の価値観を、あたかも人類の歴史の過去、現在、未来に例外なく適応できるものと信じ、すべてをこの信条から判断しようとする傾向が見られる。筆者は「自由、平等、民主主義」の考えそのものを特に批判しているわけではない。正直に言って大変結構な考えであると思う。しかし問題はこの価値観をあたかも人類最高の絶対的な信条と思いこみ、これは世界に存在するすべての文化と文明に例外なく適応されなければならないと考え、さらにはこの考えを世界中に強制することを始めると論理的な問題が発生し、本音の現実が観察されるようになる。

まず第一に西洋文明が「自由」を重視するのであれば、これから導き出される理屈は世界の文化と文明はそれぞれ独自の文化と文明を保持する自由がある。西洋文明にとって自由が重要であるならば、他の文化と文明にとっても自由が重要でなければならない。世界のすべての文化と文明は西洋文明にとやかく言われずに自分たちの文化と文明を保つ自由がある、という結論になる。西洋文明はこの自由を認めない。これは矛盾している。自分たちが最重要と見なしている「自由」は、結局は自分たちだけのもので、他の文化や文明には通用しない、通用させてはいけない、という考えになる。

侵略主義

西洋文明の本音はこの矛盾から導き出される価値観である。その本音の価値観とは「侵略主義、植民主義、人種主義」である。現在の西洋文明は他の文化や文明の尊厳と独立性を認めず、ああだこうだと批判し、ああしろこうしろと圧力をかける。西洋文明圏に属さない、世界のすべての文化と文明はあたかも西洋文明の一部のように見なし世界に向かって命令する。これは象徴的な侵略主義である。これは国連その他の国際機関を通じて行なわれる場合もあれば、アメリカやヨーロッパ連合がそれぞれ独自に、または共同で行動する場合もある。

例えば企業、大学、議会などで女性の比率が低い国は悪い国であると決めつけられ、改善するように勧告される。西洋文明内の国であればそのような批判や勧告をするのは理解できる。しかしまったく異質の文化や文明の場合にはまったく異質の伝統と歴史がある。変更するにしてもそう簡単にはいかない。ことにキリスト教とは異なる宗教の国であれば文化や文明を事実上取り替えてしまわなければ不可能かもしれない。したがってそのような国は毎年毎回悪者となってしまう。日本もしばしば非難の的になる。

象徴的な侵略主義ならまだ我慢できる。何らかの理由で繰り返し非難され、外交的に口頭や文書で非難されても西洋の圧力に屈しない場合には軍事力によって侵略されてしまう。象徴的な侵略主義が本物の軍事的な侵略主義の現実になる。これが二一世紀はじめのイラクやアフガニスタンの実態である。

イラクは核兵器の開発をし、生物的、化学的兵器を所有していると繰り返し繰り返し非難され、これを無視したイラクは侵略されてしまった。しかし侵略した後、いくら探しても問題の兵器は何も見つからず、探すのはあきらめてしまった。このような重大な過ちを犯しても、西洋は謝罪などしない。サダム・フセインがいなくなってよくなった、などとうそぶいている。あきれた態度である。二〇〇一年にニューヨークの世界貿易センターその他が攻撃されたいわゆる9・11事件の背後にイラクがあった、などという非難もまったく実証されていない。つまりイラクは侵略されるべき理由なしに侵略されてしまった気の毒な国である。

植民主義

軍事的に侵略してしまえばその次に持ち込まれるものは植民主義である。しかしこれは一六世紀以来一九世紀までさかんに行なわれた植民主義とは異なり、二一世紀はじめの植民主義は文明的植民主義である。昔の植民主義は、ヨーロッパ各国が飢えて貧しい自国民を先住民から奪い取った海外の土地に送りこむことであった。しかし現在の植民主義は西洋の考えを押しつける、思想的な植民主義である。

西洋の考えが必ずしも悪いわけではない。しかし問題は西洋とはまったく異なる文化や文明の伝統の中で暮らしてきた人たちに向かって、お前たちの考え方はまちがっているから西洋式に変えろ、といってもそう簡単にいくものではない。そしてここには西洋文明は優れていて他の文化や文明は劣っている、したがって劣っている文化や文明は西洋のようになれ、という独善性がある。そして文化や文明を比較し、優れている、劣っていると断定するのはそう簡単にできるものではない。文化の優劣は絶対的なものではなく、確かにある観点から見れば優れた文化や劣った文化は存在する。しかしそこまで考えずに他の文化や文明に向かって一方的に西洋式になれ、と強制するのが問題なのである。

人種主義

本音の三番目、人種主義は西洋文明の過去を反映したもので、古い意味での侵略主義と植民主義がさかんであった時代の生き残りの思想である。確かに現在の西洋文明の建前では、人種主義は悪である、ということになっている。人種主義を非難する考えは「自由、平等、民主主義」の三つの価値観のすべてと密接な関係があり、その意味では問題はない。しかし人種主義の思想は消えてなくなったわけではない。それどころか現在でも人種主義の政治思想は西洋に明白に存在し、そのような政治活動も存在している。

人種主義の悪についてはすでに数多くの図書や論文に書かれているのでここでそれを繰り返す必要はない。しかし本書の観点からそれでも言及しなければいけない点がある。それは世界に生きている人たちをわずか三つか四つの「人種」に分類してしまい、それぞれに「属する」人たちを一つ穴のむじなとして扱っている、という事実である。これは原則的には西洋が世界を侵略し植民地化する手段として大々的に用い始めた思想といってよい。

西洋の人種主義で特に問題なのは、ヨーロッパ人またはヨーロッパ以外の世界に住んでいるその子孫たちを「白人」と呼ぶ方法である。ブレント・バーリンとポール・ケイというアメリカの二人の文化人類学者の研究によれば、言語の違いに関係なく、人類の歴史で最初に現れた色についての単語は「白」と「黒」であった。これが時がたつにつれて「優」と「劣」、「善」と「悪」を象徴するようになった。つまり「白」は「優」と「善」を象徴する色となったのである。

飢えて貧しいヨーロッパ人たちは世界各地に進出し、先住民の土地を奪い先住民を虐殺した。彼らにとってこれらの行為をもっともらしく説明し、納得する必要があったのは理解できる。彼らの選んだ方法は自らを「白い人」、「白人」と呼んで自分たちは優れた人種であると信じ、侵略と植民地化を正当なものとすることであった。つまり「白人」と呼ぶ慣習は西洋の侵略主義と植民主義を正当化するための人種主義の思想なのである。西洋ではいまだにこの人種主義の思想に固執している。

しかも驚くべきことには、二一世紀はじめの日本で、日本人はこの西洋の侵略と植民地化から発生した人種主義のドグマを何の疑いもなく信じている。一般大衆はもちろん、マスメディア、さらには大学の人類学の先生たちまでが洗脳されてしまっている。

筆者はこの現象を取り上げた『黄色に描かれる西洋人』（花伝社）と題された本を二〇〇七年に出版し、ヨーロッパ人を「白い」とする意識はヨーロッパ人やヨーロッパ系アメリカ人の間でさえも二〇世紀の末頃から消えて行く傾向にある、日本でヨーロッパ人を「白人」と呼ぶのはやめて、その代わりにヨーロッパ人またはヨーロッパ系と呼ぶのがよい、と主張した。しかしこの本を読んで筆者の主張を理解したような印象を与える読者でも、以前のまま「白人」という表現を使用し続けている。西洋の洗脳の効果は完全で、日本でこの意識を変えることは絶望的である。

世界に生きる人びとをわずか三つか四つに分けてしまう、というのは狂信的な全体主義であるのに、そのような考え方が現在の日本で正々堂々と通用している。ここでも全体主義のおかげで人間の多様性が無視されてしまっている。その上人間の優劣までも信じさせられている。

官僚主義、福祉主義、商業主義の三本柱

本音の「侵略主義、植民主義、人種主義」が建前の「自由、平等、民主主義」と肩を並べて共存しているのが現在の西洋文明の実態である。しかしこれだけが現在西洋文明の思想的基礎ではない。このほかにも官僚主義、福祉主義、商業主義なる三本柱も存在している。これらは価値観

というよりは西洋文明を維持してゆくための現実的な手段とでも言うべき性質のものであるが、実際には価値観と同じような機能を発揮している場合が多い。社会を維持してゆくために存在しているとも言える官僚主義、福祉主義、商業主義の弊害についてもすでに広く知られている。これは事実上西洋文明に組みこまれてしまった日本の社会の中で生きている我々が毎日直接感じている不満でもあるので、ここでは西洋の例だけではなく、日本の例も述べてみたい。

官僚主義

本書の目的上、この三つが人間の多様性をどのように無視しているか、という問題だけに限って述べると次のようなことが言える。官僚主義は社会の中の多くの人たちを分類することから始まる。以前ほどではないかもしれないが、現在の日本で観察される現象は人を学歴で分類することで、これは官公庁や企業で人材を選別する基準になる。大学を出ているかいないか、出ているのならどの大学かが雇用者の最大関心事であるのが通常である。職に応募する人間の能力や将来性などは無視され、学歴が採用するかどうかのもっとも重要な基準になってしまうことが多い。これは一部の官公庁で特に見られる現象である。学歴と知能適度や能力はある程度関連しているかもしれないが、組織の中で次第に成長し、将来はその組織の重要な人材になるかどうかは通常判定しにくい。しかし分類してしまうことによってこの観点からの多様性は無視されてしまう。

学歴は立派でも人間的な成長が好ましくなく、幼児のように考え行動する大学生たちが毎年社会に送りこまれる。このような卒業生が官庁や企業などの組織に入り、組織が必要とする客観的な判断力をもつ組織の人間にならない、またはなれないのは、毎日のマスメディアでおなじみである。日本で一流とされている大学の出身者がいかにも幼稚な性犯罪で逮捕されたり、万引きをしたりなどというのはめずらしくない。しかもその一部は大学教授なのである。高級官僚出身でも政治家としては非常識で人間としては落第という人たちも我々にはおなじみである。

現代人は生まれてから死ぬまで国や地方自治体の官僚組織に支配されている。それを逃れることはできず、我々は何らかの形で常に官僚組織に接触しなければならない。官僚組織が時には極度に非常識でばかげたことを言い出したり実行したりするのは一般市民にとっておなじみである。規則にしたがって人びとを分類し、各種の決定をするのは役人の得意とするところで、これが現代社会の現実である。

これにはもっともな理由もある。規則にしたがって仕事をしておけば無難であり上司から咎められることもない。しかしこれが人間の多様性を無視する原因となる。不可解な税金や各種の無意味な工事、騒音公害、大赤字になるのが最初からわかっている美術館や博物館などの設置、各種の税金の無駄使いなどは、公務員が一般市民の心理的多様性を無視するためにおこる場合が多い。

騒音公害に対する苦情の無視

筆者は長年タバコ公害と騒音公害に対する苦情を世界中の関係組織にもちこんでいる。この種の苦情に対する官公庁や企業の反応は日本でも西洋でも似たり寄ったりで一般化した描写をすることができる。反応には三段階あり、最初の段階ではそのような公害など存在しない、それを公害と見なすのは頭がおかしいのではないか、という態度を示す。ここでは人間の心理的多様性などというものはまったく意識のうちになく、すべての人間は同じように考え同じように反応するものと信じている。しかし同じような苦情が山積すると第二の段階に至る。

この段階になるとタバコなり騒音が公害であると感じている人たちも存在する、という認識になる。しかしそれは社会の中のごくわずかで少数派なのだから無視してしまえ、という態度になり、多少のことは我慢してくれとか、ほとんどの人は商店街で流される音楽を聴いて楽しんでいるのだからそんなことは言わずに皆と一緒に音楽を聴きながら買い物をしてくれ、などという反応になる。

ここでも人間が多様であることには気がつかず、多くの人間を商店街の音楽を好きな人たちと嫌いな人たちというわずか二種類に分類し、その他にも音楽に気がつかない人たち、不快に感じてはいるが苦情を言えない人たち、音楽があってもなくてもよい人たち、もっと音量をあげてもらいたいと思う人たち、音量を下げれば受け入れられるが原則的には反対とする人たちなど、いろいろな反応があることは無視してしまう。ここでは苦情を持ちこむ人たち、そうでない人たちの二種類の人間しか存在しないことになり、苦情を言わない人たちは商店街の音楽が好きな人たちと見なされてしまっている。

人間を二種類に分けてしまい、苦情を無視する例を筆者の体験から引用したい。東京の地下鉄丸ノ内線は最近すべての駅で可動式ホーム柵なるものを設置し、発車する車両のドアが閉まる前にプラットフォームの柵が閉まる。したがってかけ込み乗車はできず、かけ込み乗車から発生する事故がおこる危険はない。したがって発車直前に発車を知らせる信号音は不要である。にもかかわらず、丸ノ内線ではこのうるさい信号音を廃止しないどころか、最近各駅で流行の発車メロディーなるものに切り替え、さらにうるさくなった。この件に関しての筆者の苦情に対する二〇〇九年一月二四日付の回答は次のようなものである。「この音量について大きすぎる・うるさい・不快である等のご意見をいただいておりますが、現在のところ恐れ入りますが変更する予定はございません。」

苦情をもちこむ人の数が多くなり、しかも公害とされているものが何らかの形で危険であることが社会的に認識されれば三番目の段階になる。タバコ公害の場合、タバコとガンの関連性が医学的に実証され、子供の健康を最優先にする母親たちが受動喫煙の危険性を重大視するにおよんで、タバコ公害反対者は無視できる少数派ではなくなった。この時点で初めて関係官公庁が動き始める。ということは社会の中で騒音公害の苦情をもちこむ人の数が増加し、しかも騒音によってガンになると実証でもされないかぎり騒音公害はなくならないという結論にもなる。これが官僚社会の現実である。

福祉主義

現在の西洋文明は福祉社会である。確かに程度の違いもあり、カナダやヨーロッパの観点からすれば、アメリカの福祉政策は大変不十分で欠点が多い。日本は大体ヨーロッパ的であるが、福祉がもっとも発達した国々に比較すると不十分である。福祉の実践は官僚組織にもとづいている。ということは官僚主義の問題点は福祉の実践にそっくりそのまま反映されている。つまり人間の多様性を無視して多くの人たちを限定された集団に分類してしまい、その結果を法という名の規則にしたがって処理する。これは定年退職の年齢、年金額、あらゆる種類の交付金や補助金、児童手当、老人介護などでしばしば聞かれる苦情の原因となる。

商業主義

商業主義の場合には官僚主義と福祉主義とは多少性質が異なる。西洋でも日本でも、いわゆる先進国と呼ばれる国の経済的基盤は成熟した資本主義である。このような社会では国民の大多数は生きてゆくのに最低限度必要な衣食住の水準を保持している。テレビなどの家電製品や自動車などは一五年や二〇年も使用できることが多い。衣服にしても多少擦り切れているのを我慢すれば、三〇年着られる場合もある。これは筆者自らの経験である。

しかし国民のすべてが筆者のようでは成熟した資本主義は機能せず、崩壊してしまう。そうなっては企業は倒産し、社員は失職し、国は法人税の収入を失い、ドミノ式の波及効果で不景気になってしまう。資本主義社会なるものは派手で豊かに見えても実際には自転車操業であり、社会のどこかが回転しなくなれば社会全体が影響を受ける。企業は国の将来、国の運命など考えない。企業は競争している他の企業に打ち勝ち、できれば成長して市場の分け前を増加させることしか考えない。しかし通常はそれだけで資本主義社会は機能してゆく。

企業としては原則として二つの戦術がある。その一つは常に新しい商品、より優れた商品を市場に送り出しているという印象を与える方法である。これはほとんどの商品に見られる戦術であるが、特に自動車産業、カメラ、コンピューター、家電製品などに見られる。以前の商品、数年前の商品に比べれば多少の進歩も見られないこともないが、事実上ほとんど同じようなものをあたかも飛躍的に進歩した商品のように消費者に印象づけ、売りつけようとする。

二番目の方法はそれまで考えてもみなかったような新しい商品を開発し売り出すことである。消費者がそのような商品を見れば、なるほどこれは便利だと感じ、それを買い入れる。古くは電動歯ブラシやソニーが最初に売り出したウォークマンなどが良い例である。最近では毎年のように次々と機能が追加され、単に「電話」とは呼べなくなってきている携帯電話が誰でも考えつく例であろう。確かに役に立つ、便利だ、と消費者に印象づけることができれば企業の戦略は成功したことになる。この二つの戦術のどちらの場合にも、その根底にあるのは消費者にこの商品を買いたい、これを買う必要がある、という心理をもたせることである。これが成功すれば成熟した資本主義社会が機能する。

成熟した資本主義社会の特徴

企業がなぜ消費者に「買わなければならない」という心理を植えつけるのかは容易に理解できる。経済学者のガルブレイスはこれを「需要管理」と呼んでいる。つまり企業としては、生産管理、品質管理、商品管理と同じように、需要も管理してこそ生き延びてゆくことができる。そして需要の管理とは消費者の心理を操作し、買わせてしまうことである。

それにはもっともな理由がある。ガルブレイスが指摘するように、新製品を開発するには莫大な費用がかかる。時間もかかる。自動車産業や製薬産業などは良い例である。しかもすべての開発計画が成功するとは限らず、失敗すれば投資した費用と時間が無駄になる。したがって市場に売り出せる新製品は全力をあげて広告し、消費者に向かってそれを買う必要があると信じさせ、しかも実際に買わせなければ会社の危機になってしまう。これは企業にとっては死活問題なのである。消費者はマスメディアを通じて「こんなすばらしい新製品が売り出された、買わなければ時代遅れだ」という内容のメッセージをたえず聞かされる。

もちろんすべての商品が莫大な費用と時間の投入の結果市場に送り出されるわけではない。しかし成熟した資本主義の社会では、ほとんどの商品は定期的に変化し、新しい商品として売り出される。商品によってはこれは毎年の出来事である。これに成功した商品は社会の基準となり、その基準にしたがった衣服や自動車やカメラやハンドバッグなど、ありとあらゆる商品が流行の先端を行く。これによって資本主義社会が崩壊せず、人びとが職を失わないのは結構なことである。

しかしそれと同時に商業主義は人間の多様性を減少させる結果ももたらす。現代人にとっては、流行に従わないと異端視されたり、変人扱いされたり、職場で昇進する機会を失うことになったり、極端な場合には嘲笑されたり、いじめの対象になったり、さらには最初に解雇される人間になったりする。集団を強調し、集団の「和」なるものを強調する日本の社会ではこの傾向は強いが、実際は西洋でも同じである。官僚組織は異質な要素を好まず、官僚組織の頂点から見て均一な人間がそろっているほうが組織として機能しやすい。組織の中では異端であってはいけない。

現代人のほとんどは官庁や会社などの官僚組織の中の一員として働いている。したがって商業主義が強力にもたらす均一性の圧力に抵抗するのはむずかしい。抵抗する勇気がありそれに成功すれば、官僚組織の中で生き延びてゆけない危険となってしまう。時の流れに敏感で常識的であることは生き残る秘訣であり、これは均一性をもたらし多様性を否定する傾向を生み出す。

II　個人を尊重する政治の方法

第6章　二段階方式の投票、政党の廃止、直接民主主義

好むと好まざるとにかかわらず、我々は何よりも動物であり霊長類の一種である。この生物的な事実は、我々人間はどのように生きるか、という課題を限定してしまう。すべての理を悟り、霞を食して生きている仙人ならば別の話になるかもしれないが、事実上すべての人間は動物であると最初から決めつけて考えるのが現実的である。我々がたえず直面している人間関係、社会問題、国際関係、環境問題などは意識的に、または無意識に実行している自己中心の考えと行動に端を発している。これが人間の動物的な出発点である。

山積する世の中の問題をいくら嫌悪しても、人間が動物の種であることをやめるわけにはいかない。したがって一部の問題はどのような世の中でも存在し、これは人間にとって永遠の悪であるとあきらめなければならない。残念ながらこれが現実である。それと同時に言えることは、世の中の問題すべてが改善できないものではない。日本では「できることとできないことがある」という表現が一時流行したが、これこそが我々が注目すべき点である。できないことは悪として

あきらめ、できることを見出し、それを現実的に実行して悪の影響力を減少させ、可能であれば排除してしまう、という考え方が可能である。

当然の結果として、どれが悪でどれが悪でないかは価値観の問題で、これは各個人の考え次第である。これは否定できない。筆者も人間であるので主観的に物事をながめ、好き嫌いがある。これを明言した上で具体的な改善案を提案するのが本書の目的である。

本書のはじめにいくつかの前提、仮定、主張が述べられたが、これを社会の構築と維持という観点から見ると、①多様性の保持と、②負の自由の優先、というわずか二つの指針に要約される。これはあまりにも簡単すぎるように見えるが、その反面、簡単なのは便利で記憶しやすい。読者はこれをたえず思い出しながら本書を読んでいただきたい。そして複雑そうにみえる政治思想でも実際にはごく少数の前提、仮定、主張などで要約できる。共産主義、社会主義、ナチス、無政府主義、などの政治思想も例外ではない。

「過半数」の原則の改善案

人間社会をどのように構築するかを多様性の観点から考えると、できるだけ多くの人たちの意見、希望、感情などを反映したものにするべきであるという結論になるのは明白である。これから直ちに言えることは、現在世界中で実行されている、いわゆる「民主主義」なるものはこの条件を満たしておらず、明らかに失格である。全体主義ができるだけ多くの人たちの意見、希望、感情などを反映していないのは誰にでもわかる。しかし「民主主義」でも現実的に考えて全体主義と大差ない場合もあることに注目しなければならない。

「民主主義」と言えば誰でも最初に考えるのは「多数決」の原則であろう。しかし第4章の「多数決の悪」で述べたように、たとえば住民投票なり国民投票なりの結果、五一パーセントが賛成であれば、それが地方自治体なり国なりの全体の意思であることになってしまう。つまり「多数決」とは「過半数」ということなのである。これは重大問題である。「民主主義」は残りの四九パーセントの人たちを無視する全体主義に変身してしまう。賛成の投票をしなかった人たちは自分の意思ではない政策を押し付けられる全体主義に我慢しなければならない。この「半分以上」、「五一パーセント以上」の原則を変更することも可能であるが、これは実際にはほとんど実行されない。

現実的に考えて、すべての人が満足できる意思決定方法は多くの場合ないかもしれない。しかしこの「五一パーセントによる全体主義」を改善することは可能である。それは次のような二段階の投票方式である。

二段階の投票方式

この方法では、投票は二回行なわれる。一回目の投票では、有権者は何パーセントの有権者が賛成すればそれは賛成と見なすか、について投票をする。ある人は五一パーセントなら賛成という結果でよいと考え、「五一パーセント」と投票するであろう。しかしすべての人がそう投票するとは限らない。別の人は五一パーセントでは低すぎる、九〇パーセントが賛成しなければ賛成と認めるわけにはゆかないと考え、「九〇パーセント」と投票するかもしれない。さらに別の人は「六八パーセント」なら適当な割合であると考え、そのように投票するとする。選挙管理委員会はこのように多様な意見から一つの数字を決定する。

それには色々な方法がある。例えば体操やフィギュア・スケートなどのように、極端に高いのと極端に低い数字二つを排除するのも一案である。しかしこれではすべての意見を反映しないのでこの方法は好ましくない。より望ましい方法は平均値を用いることである。平均値といっても実際にはいくつかの計算方法がある。社会学や経済学の分野では数種類の方法が知られているが、その計算方法は専門的になるのでここでは省略する。いずれかの計算方法を用いて何パーセント以上が賛成すれば有権者が賛成したものとする数値を得る。それは五一パーセントかもしれないし、六三パーセント、または七二パーセントかもしれない。いろいろの可能性がありうる。

どんな数値が得られたとしても、それはすべての有権者の公式の意見と見なすことにする。この特定の数値を仮に六八パーセントであったとしておく。これを念頭において二段階目の投票をする。これは通常の投票と同じと考えてよい。そして五八パーセント賛成という結果が得られたとする。通常の「過半数なら賛成」という方式であれば、この結果は明らかに賛成という結果である。しかしここで提案されている二段階方式であれば基準である六八パーセントには達していないために十分な賛成にはならなかったことになり、有権者は賛成しなかった、という結論を出すしかない。

二段階方式の利点

この方式には当然批判もありうる。例えば有権者は、特に反対意見の有権者は、数値を高くする傾向にある可能性が考えられる。したがって五一パーセントが賛成投票をしただけでは有権者が賛成した、という結論にはならない可能性になる。これは通常の「民主主義」とは大分異なったものになる。賛成意見を得るのがよりむずかしくなり、為政者にとって政治がむずかしくなる。しかしこれこそが二段階方式の目的であり利点である。安易な多数決を回避し、より多くの人の賛成を得ることによって初めて賛成と見なすのははるかに民主的（正統的な意味での）である。四九パーセントが賛成していないで不満をもっているのに、ある特定の決定を押しつけられるのよりは望ましい。

人間が心理的に多様であるのは事実である。すべての選挙民は同じように考えるものと思ったり、多様性を無視してある政策を強制的に国民すべてに押しつける政策こそ全体主義のやりかたそのものである。これが「民主主義」と自称する国々で実行され、しかもそのような結果が「民主的である」と自画自賛されているのは滑稽と言うか言葉の使い方を知らないと言うか、何とも表現のしようがない。

これはどのレベルで投票をしているかも問題の重大さに関係してくる。一般的に考えて、投票の結果の影響を受ける人の数が多くなればなるほど問題は重要である。小さな村の住民投票に比べれば、国民すべてが影響を受ける国全体の国民投票はより重大になる。

これは、各レベルの議会議員や首長を選出する選挙の場合でも事情は同じである。国のレベルを超えて多くの国を巻き込んだ選挙であれば、さらに多くの人びとが選挙結果の影響を受ける。ヨーロッパ連合の選挙はよい例である。

その他に、何が理由で投票をするのか、何について結論を出したいのか、投票の結果がどれだけ人びとの生活に影響を及ぼすか、なども考慮しなければならない。村の村長選挙でも、政治的には似たような二人の候補者のどちらを村長にするか、という場合には、結果がどうなっても村民の暮らしにそれほど違いはない。しかし二人の村長候補者が政治的に異なり、選挙の結果次第では森の中に大規模な自動車道を開通したり、ダムを建設したり、原子力発電所を設置したりなどといったことになる場合には、大問題である。

投票の重要さに対応できる二段階方式

つまりここには、①投票結果の影響を受ける人の数と、②投票結果がどれだけ一般市民の生活に影響を及ぼすか、という二つの問題がある。この二つの問題から四つの組み合わせの可能性が考えられる。例えば選挙で、①政治的に似たような二人の候補者の一人を村長に選ぶ場合、②政治的に異なる二人の村長選挙で、結果次第では村に林道、ダム、または原子力発電所ができる場合、③ヨーロッパ連合議会の議員の選挙で、近い将来に特に重要な決議がされるとは見なされない場合、そして、④ヨーロッパ連合議会の議員の選挙で、選挙の結果次第ではヨーロッパ連合に大統領、首相、外務大臣などというものが導入され、ヨーロッパ連合が事実上アメリカ合衆国に対立する「ヨーロッパ合衆国」となり、アメリカと同様な世界の勢力になる可能性がある場合、である。

わかりやすく説明するために極端な例をあげたが、もちろん現実には重要性に関しては数限りない可能性がある。投票や選挙といっても、ありとあらゆる場合があり、その結果がどれだけ一般市民に影響を及ぼすかについても、ありとあらゆる場合がある。これらを単に一括して投票と呼び、投票は「過半数で決めれば民主的」で、それなら「民主主義」ですばらしい、という考えは少しも民主的（正統的な意味での）でもなければ民主主義（正統的な意味での）でもない。これが筆者の言いたい点である。

この観点からすると、二段階方式は民主的ではなくなる「民主主義」をより民主的にすることができる。有権者は政治家が考えるほどバカではない。有権者は、投票直前の時点で議論されている関心事や問題点が自分たちの生活に大影響を及ぼすと感知すれば、その投票や選挙を大事なものと見なす。二段階方式が存在していれば、このように感知した有権者は二段階方式の一回目の投票でより慎重な反応を示す可能性が考えられる。

例えば原子力発電所が投票の話題であれば、発電所賛成の村民でも、この問題は慎重に扱われる必要がある、単なる過半数の五一パーセント賛成で建設してしまうと村を完全に二分してしまい、後々までしこりが残る、それではいけないから七〇パーセントの賛成を得られなければ建設すべきではないと考え、一回目の投票では「七〇パーセント」と投票する可能性がある。建設反対者の場合にはこの数字はさらに高くなるものと思われる。それでよいのである。

国会での審議

村のレベルから国のレベルに目を移してもまったく同じことが言える。テレビで見せられる国会中継では議題が審議され、議員が投票し、その後職員が票数を数え、議長が「……賛成多数により……は可決されました」と公式に宣言し、賛成議員は拍手をし、反対議員はわめいたりどなったりするのはおなじみである。賛成多数というのは五一パーセント以上が賛成ということであり、これでは反対議員がわめいたりどなったりしたくなるのも当然という気にもなる。日本の国会では以前は胸倉をつかんで殴り合いの喧嘩をしたことも時折あったが最近はあまり見られない。韓国では今でもよくあることのようである。

殴り合いをするような結果にいたった理由は、反対派が常に主張するように審議不十分なのかもしれない。しかし問題は反対派にとってはわずか五一パーセントが賛成しただけで賛成と見なされること自体に不満である、ということも考えられる。いくら反対派の議員でも、それ以上の議員が賛成すれば納得しやすい。ここで二段階の投票をし、何パーセントが賛成なら賛成と見なすという基準を最初に投票して決定し、その後で賛否の投票をすれば賛成反対どちらの立場からも納得しやすい。これなら殴り合いの喧嘩にもならない可能性が高くなる。

過半数の定義が「五一パーセント以上なら過半数」とされていない場合もあるが、それでも二段階方式の利点は同じである。例えば憲法を改正するかどうかが問題になる場合、これは賛成派・反対派どちらにとっても重大事であり、国民すべてにとっても重大事である。規定によれば日本の憲法を改正するには三段階の手続きが必要である。第一に衆参両院それぞれで総議員数の三分の二以上が改正に賛成すること、第二にこれについて国民投票が行なわれ、有効投票の過半数が賛成すること、第三に改正することを天皇が公布すること、となっている。

憲法改正に二段階方式を適用した場合

このようにすでに決められている憲法改正に必要な手続きを今になって変更するのはむずかしい。しかし二段階方式がより民主的であることを説明するために、ここでは一応変更できるものとする。憲法改正という事の重大さを考えれば、議員の三分の二以上というのでは好ましくない、と考える人も多いかもしれない。ある人は三分の二、つまり約六七パーセント以上ではなく、七五パーセントが賛成しなければ改正してはいけないと考えるかもしれない。これは議員にしても一般の国民にしてもありうる可能性である。したがって推測が許されるならば、憲法改正は衆参両院それぞれで議員の三分の二以上、という場合よりむずかしくなるかもしれない。

かりに衆参両院で改正賛成という結果になれば、規則によれば国民投票が行なわれる。しかしここでの賛成の基準は「過半数」ということになっていて、これなら五一パーセント賛成ならば「賛成」と見なされることになる。しかしこの場合でも二段階方式であれば、国民は五一パーセント以上ではなく、それより高い割合を要求するかもしれない。それが望ましいかどうかは別問題である。筆者が言えることは憲法改正の場合でも二段階方式を用いたほうが民主的である、ということだけである。そして二段階方式は国会の中でも国民投票でも用いることができる、という点を強調したい。

二段階方式の意思決定をすれば政治家は思うように仕事ができない、選挙をしても選挙民は反対ばかりしている、と思うにちがいない。しかしこれによって政治家が権力を濫用し、国民を無視する傾向を減少することができる。これははるかに民主的である。民主主義なるものは独裁政治ではないはずであるから時間がかかり、意見を調整するのが面倒になるのは当然であり、それが気に入らないのであれば独裁政治を選ぶべきである。

政党政治の問題点

国に政党が一つしかなく、その政党しか認められておらず、他の政党を結成しても警察や軍隊が介入して解散させられ、責任者は有罪判決を受けて禁固刑に処される、などというのは典型的な一党独裁の全体主義の国の政治である。これを全体主義と呼ぶことに異論を唱える者はいないであろう。しかしこれとあまり違わないような現象がれっきとした「民主主義」の国でも見られる。

よく見られる例は二大政党なるものが交互に政権を握り、国内の政治でも外交的にもほとんど同じような政治を続けてゆく。アメリカの共和党と民主党、イギリスの保守党と労働党がよい例である。どちらの国でも、どちらの党が政権を握っても、西洋文明が得意とする世界の侵略と植民地化を継続し続ける。二大政党の政治の現実は、有権者にはわずか二つの選択肢しかないことで、この二つの党が現実的に似たようなものであればどちらを選んでも同じこと、という結果になってしまう。

これは表向きには「民主主義」と呼ばれる。なぜなら国民は投票をして議員を選び、政党を選ぶからである。しかし二つの党が事実上同じであれば、一党独裁の国での選挙と同じことになってしまう。本当に一党しかなく、他の党は認められていない国でも国民が形式的に投票する場合が多いから、客観的に考えてみると一党独裁でも二党しか選べない場合でも事実上の違いはない。独裁するのが一党であるか二党であるかの違いである。国民の観点からすると、何の変化も起こらないし起こすこともできない、というのが実感である。全体主義は一党独裁によってのみ実行されるものではない。二党による独裁もあるのは世界の現実を見ればわかる。

人間の多様性を無視する政党

党というものは、その名目がいかにすばらしくても、結局はある明確な目的をもった集団である。集団そのものは多様性の特徴をもっている多くの人間の集まりである。しかし党という名の集団は集団を形成しているすべての人間たちの多様性を反映させてはならない。反映させてしまっては集団としてある特定の目的をもつことができず、特定の行動をとることができない。もし多様性を許してしまったら各人はそれぞれ主観的な意見を述べる傾向があり、意見百出となってそれぞれが勝手なことを言いだす。それでは党としての存在意義そのものが失われてしまう。

この問題を解決するために、党には執行部があり、党員のごく一部が党全体の方針や行動について決める。すべての党員は執行部が決めたことに従い、従わなかった党員は処罰されたり除名されたりする。これは人間には心理的多様性があるために発生する問題である。しかし心理的多様性は党の執行部の内部にも存在することがある。執行部内部で意見が分裂したり解散したりする。極端な場合には暗殺や処刑という結果にもなり、党そのものが分裂し、ボルシェビキ対メンシェビキの争いは有名である。

ある政治思想にもとづいて似たような考えをもった人間を集め、組織し、行動するのは目的によっては効果がある。『共産党宣言』の中でマルクスとエンゲルスは、「世界の労働者よ、団結せよ！」と述べ、これがインターナショナルの方針となり、一部の例外を除いて世界の資本主義の国々で労働組合が結成されるきっかけとなった。目的次第では、集団を組織し、多くの人間がまとまって行動するのも可能性の一つである。

政党政治を回避する可能性

しかしその弊害も認めなければならない。しかもあまりにも大きな弊害である。それは人間の多様性を無視する点である。いくら似たような背景、例えば労働者家庭で生まれても、そしていくら社会主義に共鳴しても、すべての人間がまったく同じように考えるわけではない。ボルシェビキとメンシェビキは人間の心理的多様性を受け入れることができず、苛烈な争いをする結果になった。

スターリニズムの場合にはさらに人間の生物的な多様性、文化的な多様性までも拒否し、これに反対した人種や民族はソ連政府によって強制的にソ連内の遠隔地に移住させられた。人間の多様性を無視し、すべての人間をあたかもクローン人間のように扱うのはスターリニズムの最大の誤りであり最大の犯罪であった。これは確かに極端な例であるが、現実には政党という組織を基礎にした政治には多かれ少なかれ共通して見られる欠陥である。

我々は政党政治の方式しか知らず、政党がなければ政治はできないものと洗脳されてしまっている。政党に依存しない、まったく別の政治方式など考えることができないかもしれない。しかし政党抜きの政治は可能である。それは社会の中の各個人が直接政治をすることである。これは二つの形で実行できる。第一に国民が直接に議題に対し投票して可否を決める方法である。第二には有権者がある特定の個人を選んで政治を代行させる方式である。この章では第一の方法について述べ、第7章で第二の方法について述べることとする。

国民投票と住民投票

通常の「民主主義」では、有権者が立候補者なり党なりを選び、政治の実際を委任する。しかし委任された政治家や党が有権者を無視して勝手な行動を始めるのはどの国でもおなじみである。これをすこしでも減少させ、政治をより選挙民の意思を反映したものにするためには先の二段階方式の投票は一案である。

しかし他にも方法がある。それは議題への賛否決定を議員まかせにせず、有権者たちが自ら賛否の投票をして決定する方法である。選挙民が投票によって議員を選び、選ばれた議員たちが政治を代行するのは、民主主義とは言っても有権者が直接決める民主主義ではないので、間接的な民主主義である。それに対して、有権者すべてが自らが議題に対し賛否を決める場合には議員のような仲介者が存在しない。したがってこれは直接民主主義と呼ばれる。

これは世界では事実上ほとんど実行されておらず、例外はスイスである。スイスでは国政のレベルでは二種類の直接民主主義が実行されている。その一つは議会で可決された法に不満がある場合、一〇〇日以内に五万人以上の不満の署名を集めるか、または八つ以上のカントンと呼ばれる州か県に相当する政治の単位が要求すれば国民投票を行なう。もう一つは憲法の変更である。スイスの国の憲法はしばしば変更されるが、そのような変更を要求するには一八ヶ月以内に一〇万人以上の署名を集めることによって要求できる。

どちらの場合も国民投票は実行されなければならず、いかなる結果になってもそれに従わなければならない。国政のレベルの国民投票は年に四回ほどある。この種の投票は国より下のレベル、つまりカントンのレベルでも、その下の市町村のレベルでも住民投票として行なわれる。スイスでは国民投票や住民投票が頻繁に行なわれる。これなら日本人が考える通常の「民主主義」よりはるかに民主的である。

もちろん欧米や日本でも国民投票や住民投票がまったく実行されないわけではない。しかし欧米や日本で行なわれる場合には結果の法的な強制力がない場合が多い。結果がどうあっても権力者はそれを無視してしまうことがしばしばである。日本では権力者が「貴重なご意見を頂きましたのでこの結果を慎重に検討した上で政治に反映させていただきます」などと言うが、結局は住民の意思は無視してやりたいことはやってしまう場合が多い。しかしスイスでは結果には法的な強制力があり、政治家は結果に従わなければならない。これが民主主義というものである。

直接民主主義と議会政治の並立

政治というものはかなりの専門的知識を必要とする場合が多い。財政や法律について常識以上の知識が必要で、これは市町村から国政まで、どのレベルでも不可欠である。その他にも土木工学、機械工学、電子工学、環境問題などといった分野についても常識以上の知識がなければ政治がむずかしい場合がしばしばある。したがってすべての議題を直接民主主義によって賛否を決めてしまうのは非現実的であり、なによりも一般市民はそれをしている時間がない。場合によっては政治家でも理解できないような遺伝子工学などはその道の専門家の意見に頼るのがもっとも賢明である。

したがって直接民主主義を導入するということは、議員を選び、議員に政治の一部を依頼する方式とは矛盾しない。直接民主主義と議会政治の民主主義は並列して存在すべきものである。そして国民すべての生活に大影響を及ぼす可能性のある事項は必ず直接民主主義による評価をすべきである、というのが筆者の主張である。

官僚組織の必要性

直接民主主義によって決められた事項でも、議会で決議された事項でも、記録に残しておくだけでは意味がない。実行しなければならない。実行は事実上個人ではできず、組織に頼らなければならない。現代社会ではこれは官僚組織である。社会学者マックス・ウェーバーが指摘して以来、筆者も含めて官僚組織を非難し攻撃し嘲笑し、官僚組織がいかに個人を無視し人間性を無視しているかを描写する人は多い。それもそのはずで官僚組織は現代人にとって大問題であるためである。しかし現実的に考えて、やはり現代人は官僚組織なしでは生きてゆけない。これは残念ながら必要悪である。

しかし悪は悪でも、どうしても許せない悪と我慢しなければならない悪の違いもある。組織の中の人間は規則によって縛られ、上司に言われたとおりに行動しなければならないため、客観的にそして共感的に眺めれば、組織の中の一人ひとりは事実上無力であるとも言える。したがって組織がどれだけ悪か、どれだけ我慢できる悪かはそれが国民の意見、意向、希望にどれだけ良心的に反応するかで決る。

ここで筆者が提案したいのは、官僚組織は本書で述べられている二つの条件、つまり、①人間の多様性の保持と、②負の自由の優先を、常に意識して仕事をすべきである、という要請である。もちろんこれは筆者自身の考え方にもとづいているもので、強制力はまったくない。しかし政治哲学の観点から見て、これは多くの人に受け入れられるものと考えたい。

直接民主主義が適応できる例――政治家の報酬

一般市民でも容易に理解でき、しかも一般市民に密接に関連している事項も数多くある。そのような事項は直接民主主義で決定するほうが民主的である。例えば政治家の給料である。我々が通常考えるのは、社会のために大事な仕事をする人はそれ相応の金銭的報酬を得る権利がある、政治家は社会のために大事な仕事をしている、したがって政治家は高収入を得て当然である、といった論理になりやすい。

しかし社会のために大事な仕事というのは定義がむずかしい。考えようによっては社会の中に存在するすべての仕事は大事な仕事であるとも議論できる。社会的な評価が低いゴミ収集や道路掃除の仕事も大事な仕事であり、筆者はこのような仕事は不当に低く評価されていると感じる。

ある特定の仕事にそれ相応の特定の金銭的価値があるという考えは古くから経済学に存在しており、労働価値説と呼ばれる。経済学の歴史を見てもアダム・スミスやリカードもこの考えをもっていた。マルクスはこれを彼の理論の中心に据え、労働者の仕事には一定の金銭的価値があるのに資本家はそれだけの賃金を支払わない、これは搾取である、労働者たちは次第に搾取に気がつき、団結し、革命によって資本主義社会を崩壊させ、社会主義の社会を建設する、というおなじみの議論をした。

現在ではマルクス経済学を死守し発展しようとする学者を除いては、この考え方は一般的には支持されていない。その理由は市場経済にすべてを決めさせる考えが支配的であるためで、需要と供給次第で商品の市場での値段は常に上下し一定ではない、したがって商品を作るために働いた労働者の仕事も一定の金銭的価値があるとは言えない、という議論になる。しかし霊長類の動物としての我々個人の観点からすれば、労働者であろうが資本家であろうが、できるだけ収入を増やしたいと思う。これは政治家にもあてはまる。

財源を操作できる政治家

しかし政治家の場合には特別の問題がある。政治家は財源に近づくことができ、しかもそれを自由に、または事実上自由に操作できる立場にある。資本家も同じ立場にあるとも言えるが、資本家と政治家の間には決定的に重大な違いがある。その違いとは政治家が操作できる金は税金であるという点である。税金とは国民から否応なしに徴収したお金である。資本家が自由に操作できるお金は株主が自ら選択して投資した株券である。無理やりに徴収されてしまったお金とあわよくば金儲けしようと自ら選んで支払ったお金では月とスッポンほどの大違いである。

これからさらに言えることは、税金の場合には納税者は税金がどのように使われるか、何に、そして誰に支払われるか、無駄使いはないかを監視し、口を出す権利がある。これこそが本当の民主主義である。しかし現実はどうであるか我々は皆よく知っている。地方自治体や国の議会は議員の給与を国民に相談なく勝手に増額をしてしまう。このお手盛り増額はなにも日本特有の現象ではなく、筆者が身近に観察しているスウェーデンでもヨーロッパ連合の議会でも何の罪悪感もなく日常茶飯事のように実行されている。

これはいわば泥棒に財布を預けてしまっているようなもので、その財布は私のものです、勝手にお金を出して使ってはいけません、といっても馬の耳に念仏である。選挙の時には弱者の味方のような口ぶりをしていた政治家でも、税金の無駄使いはさせないなどと偉そうなことを言っていた政治家でも、この時ばかりは泥棒の側にまわってしまう。これが「民主主義」の実態である。それでも一般市民は仕方がない、そうなるのが当たり前、と考えるのが一般的な反応である。

この問題は天災ではなく、不可抗力でもない。人災である。人災であれば、人間の意志と努力によって解消できる方法がある。その方法とは国民投票、住民投票の方法の実行である。ある仕事の金銭的価値というものが絶対的なものではなく、人間は誰でもできるだけ金儲けをしたい、金儲けをする機会があればその機会を悪用してでも金儲けをすると仮定すれば、それを制限すれば問題の解決になる。ある政治的地位に対する報酬は有権者によって制限できる。

二段階方式による政治家の報酬決定

具体的には次のようにする。有権者はある公職、例えば県知事なら県知事の選挙がある場合、それに先がけて県知事の年収はいくらにすべきかという投票をする。これにはいろいろな金額が提案されるものと思われる。県知事の仕事を客観的に金銭で評価できないのは当然である。いろいろ提案された数値からなんらかの形で平均値を取ればこれが有権者が客観的に決定した県知事の収入である。この方法によって税金でまかなわれているすべての公職の収入を決めることができる。

そして実際は同じ方法を完全に民間企業である会社の場合にも適用することができる。その場合には投票するのは納税者ではなく株主である。株主の場合には株数によってさらに重みを加えたり減少すればよい。投票は無記名で行なわれるものとする。

公職を求めて立候補する場合、例えば県知事なら県知事の場合、それぞれの立候補者に年収をどれだけ欲しいか明確に要求させ、それを選挙運動で明記させてもよい。これは一種の入札である。それと同時に公約でもある。有権者としては似たり寄ったりの候補者の中から一人だけ選んで投票する場合、政治能力、正直さなどと共に、この候補者が県知事になったら毎年いくらかかるのかが判明し、これも誰に投票するかを決める要素になる。

第7章　政治家の審査、負の投票、負の所得税、負の自由を守る法律

政党政治の場合には、有権者は各党の政治思想や政策がどのようなものであるか大体において知っている。しかし政党抜きの政治では立候補者が一体どんな人間なのか、何を考えているのかを知ることがむずかしい。それでは有権者は誰に投票したらいいのか分らないから投票がいい加減になる、棄権が多くなる、選挙に無関心になるなどという批判が出るかもしれない。当然の批判である。

しかしこの問題は程度の差はあるものの、政党政治でも存在する。単にある政党に公認されたり推薦されたからといって、ある立候補者が一体どんな人間なのか、政治家として信頼できるのか、汚職をするのかなどということまで判定できない。したがってこれは党があってもなくても同じような問題である。

立候補者についての情報公開の必要性

もちろん党なしで選挙をする場合には立候補者について詳細に知ることは有権者にとって最も重要である。この問題に対処するには、すべての立候補者についてのできるだけくわしい情報を公表し、すべての有権者はそれをいつでも検索できるようにしておく。情報の一部は立候補者自らが選挙管理委員会に申告したもので、資産、政見、学歴、職歴などは当然含まれる。これは数多くの質問を羅列した申告書に回答することによって得られる。

申告された情報の中に何らかの詐称があれば自動的に、そして無条件に立候補者の資格を失うものとする。当選して議員になった後で詐称が発覚した場合には直ちに議員の資格を失うものとする。議員であったり政治家であったりするだけの理由で裁判、起訴、刑罰などを免除される国があるが、すべての国民は法の前で平等でなければならない。したがってこの種の免除は認めない。

自ら申告された情報のほかにも有権者にとって重要な事項、とくに政治家としての適性に関連している事項、例えば犯罪歴があればその詳細、法的な処罰を受けたことがある場合にはその詳細などが公表されるものとする。すでに政治家としての経験がある場合には政治家として何をしたかも公表される。特に議会での投票行動を公表することは不可欠で、すべての決議にどのように投票したかは有権者に明示されなければならない。

現在の方式では、有権者は立候補者そして政治家についてのくわしい情報を得ることができない。日本でも外国でも、立候補者や政治家は公式には偉そうなことしか言わず、自らの過去の悪事、セックス・スキャンダルなどは語らない。一般市民は週刊誌やスキャンダルを暴露するジャーナリズムによって初めてそのようなことを知らされ、怒ったり落胆したりするのはどこの国でも同じである。暴露された立候補者は立候補を取り下げたり、政治家は辞任に追いやられたりする。これは本人にとっても打撃である。それを避けるには暴露される前に自ら公表するか、それがいやであれば最初から立候補したり、政治家にならないのが最善である。これは本人のためでもあるし、税金の無駄使いも省ける。政治家になるのは本当に政治に熱意をもっている人、正直な人、信頼できる人だけになってもらいたい。

議会政治を実行するために議員を選出する場合でも、直接民主主義を持ちこむことが可能である。ある政治家が政治家として疑わしい行為をしたとする。それが犯罪になるかどうか不明確である場合もあるし、道徳的に疑問視されるような場合であるかもしれない。国民としてその政治家の行動に不満をもち、そのような政治家は議員として働いてもらいたくない、と考えた場合には署名を集め、ある一定数以上の署名が集まればリコールが成立したものとし、議員の資格を失うとするのもよい。これは問題の行為が法的に不明確であっても道徳的には明らかに受け入れがたい場合には有効である。すべての法は人間行動のすべてを扱うものではなく、法的に不明確になる場合が現実には発生するのでこの規定の存在意義はある。

負の投票

残念ながら世の中には国民に嫌われる政治家が多い。政治家が嫌われる理由はいろいろあるが、その理由は多くの場合政治家として何らかの形で失格しているためである。いくら嫌われても、金権などのおかげで繰り返し繰り返し政界に登場し、正々堂々と、または陰の権力者として政治を操っている政治家はおなじみである。このような政治家が存在すれば、選挙民は政治に無気力になり選挙には無関心になる。したがって選挙になっても投票しない、という国民も想像以上に多い。

この問題に対処する方法もある。それは「負の投票」という方法を導入することである。この「負の投票」という表現は「二段階方式の投票」同様に筆者が考えついたもので、通常の投票と反対の効果をもたらすので投票が「負」になるわけである。通常の選挙では有権者は投票所に行き、身分を証明して有権者であることを示し、投票用紙に立候補者の名前を書き込んだり、すでにすべての立候補者の名前が印刷されている場合には自分の選ぶ立候補者の名前を選ぶ、というのが通常である。

負の投票というのは原則としてはこれと同じである。唯一の違いは負の投票をすると、投票された立候補者は一票を得るのではなく、一票を失う。したがって嫌われる政治家は負の投票を多く集めることになるので、いくら金権によって票を集めても負の得票が多ければ落選してしまうことにもなる。場合によっては負の得票のほうが通常の支持の得票（正の得票とも呼べる）より多くなり、投票結果はマイナスになる。これはそのような政治家にとって良い薬である。そして負の投票方式を導入すれば、政治家の腐敗ぶりに辟易し、投票しても何の効果もないと感じて選挙を無視したり無効投票する有権者でも投票する可能性が高い。我も我もと嫌いな政治家に対し負の投票をするであろう。

日本も含めて、「民主主義」の国々では有権者の政治無関心が問題視されている。これは有権者の責任のように見なされる場合が多い。しかし問題はむしろ政治家にあり、選挙方式にあるとも言える。負の投票方式はこの問題に対処しており、有権者は政治意識を高め、自分の負の投票が政治を変えることができると感じ、負の投票をする可能性が考えられる。そして投票率は正と負の投票数すべてを計算に入れるのは言うまでもない。

最低水準の生活の保障

これまで本書の思想的根拠二つ、つまり、①多様性の保持と、②負の自由の優先を、いかにして政治に適用するかについて述べた。ここで政治以外の分野でどのようにしてこれら二つの原則を適用できるか簡単に述べてみたい。

経済に関しては特に税制の問題が関連している。残念ながら税金も必要悪の一つであるが、この場合にも極悪とそれほどでもない悪、改善できない悪と改善できる悪があることに注目すべきである。人間は誰でも高い税金を払いたくない。しかし高い税金に何らかのもっともな理由があったり、税金が他人を助けることが明白であれば税金の存在意義がある。人間の多様性を保持するという観点からすると、つぎのようなことが言える。

人間の多様性を評価し、人びとが異なった考えをもち、異なった行動をすることを積極的に支持するためには、すべての人たちが生きて健康であることが望ましい。天才的な哲学者が餓死をしては、人類すべてに役に立つかもしれない特異な思想を後世に残すことができないおそれもある。人類の歴史を振り返ってみると、特異な考えを持った人たちは社会の主流から異端視され、無視され、迫害され、極端な場合には処刑されてしまうこともある。そのような人は極貧であったりする。これでは人間の多様性を保持する観点からすると望ましくない。しかも問題は誰がすぐれた考えを持っているのか、誰の行動が人類のためになるのかが直ちに明白にならない場合が多いことである。物事を長期的に眺めることのできる人が言うことは目先のことしか考えない凡人には理解できないこともある。

したがって心理的多様性を保持するには社会のすべての人間に最低限度の生活を保障することである。それがあって初めて特異な人間の存在意義が保障でき、そのような人たちは特異な才能を発揮できる機会を与えられる。まったく同じことが生物的多様性、文化的多様性についても言える。性別の違い、身体障害のためなどの理由によって生きる権利に違いがあってはならない。下位文化や対抗文化のように、文化の中に存在する文化に属する人たちも、それだけの理由によって生きる権利に違いがあってはならない。ただしここには負の自由を優先させる、という制限があり、他人の迷惑になる下位文化や対抗文化は認められない。

すべての人間に最低限度の生活水準を保障するには二つの方法がある。一つは現在先進国と呼ばれる国々で一般的に実行されている低所得の個人または家庭への生活保護である。もう一つは負の所得税を導入することである。

フリードマンの「負の所得税」案

この二番目の方法は経済学者のミルトン・フリードマンの著書によって広く知られるようになった。そして経済学の入門書としてこれまでアメリカだけでなく、世界で広く使用されたポール・サミュエルソンの教科書でも紹介され、負の所得税の考えはさらに世界に広められた。それにもかかわらず、広く知られてはいても現実には政策として真剣に取り上げられたことがほとんどない。

一九七二年のアメリカの大統領選挙で、民主党の大統領候補者であったマクガバンは原則的には負の所得税を意味する政策を発表したが、ただちにその問題点を指摘されてしまった。負の所得税を実行するには現実的な問題があるのは確かであるが、この考え方は一笑に付されて消えてなくなったわけではなく、負の所得税の利点を評価し、なんとかして欠点を改善し現実の社会に導入できないものかとまじめに考えている思想家も多い。

負の所得税の原則は大変簡単である。現在の日本に当てはめて考えてみると、例えば夫婦と幼児三人の家庭で年収が一二〇万円しかなかったとする。厚生労働省の平成二〇年度の基準によれば、こうした家庭が生計を維持するには、東京都区内では最低約二〇四万円、地方では最低約一五六万円の年収が必要であるとされている。負の所得税とは、日本に在住の日本国民は毎年税務署に年収を申告し、年収がこの基準額以下であれば所得税は免除され、年収と最低基準額との差額が税務署から自動的に支払われるという方式である。

したがってこの一家は東京都区内に住んでいれば八四万円、地方在住であれば三六万円を無条件に受け取る。税金を支払うのを正の税金とすれば、税金を払わずに他人が払った税金を払ってもらうように見えるためにこれが負の所得税と呼ばれる所以である。

もちろんこの基準はいろいろな条件で上下し、基準以上の収入のある家庭ではどのくらい税金を払うのかも大事な点である。しかしある計算によれば、現在のように低所得者の生活保護を支払っている場合より税の負担が軽くなるとされている。別の計算によれば、最低年収の基準は現在よりはるかに高く設定することができるとも言われている。

負の所得税は税務署が自動的に支払い処理をするため、生活保護を扱うお役所の書類仕事、生活保護申請の手続きと審査などは一切省くことができ、それによって官僚主義の問題を最小限にし、人件費も省け、福祉事務に使われる税金も節約できるという大きな利点がある。負の所得税の恩恵を受ける人たちにとっても、官僚主義の傲慢さに対決する必要もなく、最低限度の生活が自動的に保障されるのはすばらしい。何よりも低所得者は立派な一人前の人間として誰に対しても劣等感を感じずに大手を振って生きてゆける。

税金の使い道の指定

地方自治体なり国が強制的に税金を徴収し、徴収してしまえばこっちのもの、とばかり納税者を無視して税金を好き勝手に使ってしまうのは民主的でない。常識で考えて明らかに必要な出費、たとえば教育、治安、医療、福祉などは納税者に相談なしに出費をしても同意できる。しかし国にしても地方自治体にしても首をかしげたくなるようなお金の使い方をする傾向があるのも我々にとっておなじみである。

高度経済成長の時には、日本全国の市町村では我も我もと博物館や美術館などを建設した。予想される入館者の数などたかが知れている地方自治体では、博物館や美術館は最初から大赤字になるのは火を見るより明らかである。にもかかわらず、単に他の市町村に対する見栄のようなっもりで建設した例が多い。これでは景気が少しでも悪くなれば大危機になってしまう。夕張市はこれで有名になってしまったが、似たような例は全国各地に数多く存在する。

飛行場などまったく必要のない中小都市がケインズ経済学の考えを悪用し、不景気の時に景気対策と称して飛行場を建設するなどという、信じられないような税金の無駄づかいは、日本だけの現象ではない。しかもその後山積する飛行場の赤字の責任などはあいまいにされてしまう。このような現実を見ればどの納税者でも怒る。

国や地方自治体は国民や市民の意見を二分してしまうような出費もする。外国での典型的な例をあげるとパリのバスティーユ・オペラがある。この建物はそれまでのパリのオペラ座であったガルニエ・オペラの代わりに建設されたものであるが、建物があまりにも醜いとパリ市民から攻撃され、一般には「大きな公衆便所」と悪口を言われている。建物の案を公募し、応募された案の選択に市民の参加をさせ、投票してもっとも気に入られた案を採用すればこのような結果にはならなかったはずである。やはり同じパリでポンピドゥー・センターも醜い建物であるとするパリ市民も多い。

この程度ならまだましである。「芸術」と称して一部の市民を怒らせるような作品を買い入れたり展示したりすることもしばしばである。現在の世の中では賛否両論が巻き起こるような「美術」や「音楽」が現われるのは珍しくない。これらの現象に賛成の立場にあれば別にどうと言うことはない。しかし反対の立場にあれば、自分の払った税金がこのように使われてしまったのかと知ると腹がたつ。

この問題に対処するには、少なくとも「文化」とか「芸術」などと呼ばれる分野で意見が分かれてしまう可能性があり、しかも教育、治安、医療、福祉のように無条件でお任せする必要のない場合には納税者は自分の払った税金の使い道を指定する権利を持つべきである。例えばロック音楽関係に使用してはいけない、クラシック音楽関係に使用してはいけない、偶然性の音楽や芸術には使用してはいけない、などと指定するわけである。お金の使い道を指定するのは各種の寄付をする場合には珍しくない。税金の使い道でもそれと同じことができないはずはない。

大衆文化、下位文化、対抗文化

人間の多様性は無視することはできず、排除すべきものでもない。社会の中には常にあらゆる現象や行動が生まれ、それに同調する者や反対する者が現われる。ある特定の観点からすれば、好ましい場合もあるし好ましくない場合もある。法的に禁止するのが事実上不可能な場合もある。多様性保持の考え方からすればすべての現象や行動は許されるべきである。しかし、ここには大変重要な条件がある。それらの現象や行動が他の人間の負の自由を侵す場合には制限されたり禁止されなければならない。これは本書の第1章に述べられた**主張2**から導きだされる議論である。

日本や欧米のような複雑になった社会では社会学者の言うところの大衆文化、下位文化、対抗文化が存在し、ありとあらゆる現象や行動が見られる。これらについて具体的な例をあげ、**主張2**の原則を適用すると次のように主張できる。同性愛、同性の「結婚」、性の「転換」、ピアシング、入れ墨などが、完全に本人の自由意志で実行するものであり、それによって他人迷惑にならないことが保障されれば認められるべきである。ただし二人の女性または男性が「結婚」し、その二人が子供を育てる場合、それが子供にとって負の自由の侵害になるかどうかは問題になる。乳幼児や未成年者がかかわる場合には、負の自由の侵害の可能性は特に注意深く検討されなければならない。

金銭の授受を伴う二人の間の性行動も、その二人が法的に成人であり、しかも両者がまったくの自由意志にもとづいて性行動をするのであれば認められるべきである。ただし未成年者や女性がそのような行動を強制される場合、またはだまされてそのような行動をするに至った場合には負の自由の侵害と見なされ、それを強制した者は例外なく罰せられなければならない。

グラフィティを描く行動そのものは自由に認められるべきである。しかし公共の建物にグラフィティを描いて不動産としての建物に損害を与え、しかもその不動産所有者が被害を受けたと考える場合には明らかに負の自由の侵害である。したがって描いた者はそれ相応の処罰を受けるべきである。もちろんグラフィティを自宅の壁に描くのは自由である。好きなだけ描けばよい。

ロック音楽を演奏したり聴いたりするのも自由である。しかしそれによって他人が迷惑であると感じ、聴きたくない、という反応を示す場合には負の自由の侵害である。したがってそのような反応がある野外のロックコンサートは禁止されなければならない。ロック音楽だけでなく、クラシック音楽の公園などでの野外演奏の場合でも、これを騒音公害と感じる人があれば禁止されるべきである。どんな音楽が演奏されるかが問題なのではなく、負の自由が侵害されているかどうかが問題点である。

政治思想と宗教の自由

政治思想にもとづいて各種の団体が街頭でデモをするのは思想の自由、表現の自由を保持するために制限されてはならない。しかしそのような行動が度を過ぎ、騒音公害と見なされる場合には音量の制限を強制されるべきで、それにしたがわない場合には禁止されるべきである。これは主としていわゆる街宣車というものが対象になるが、これ以外にも極度の騒音を出す物売りも対象になる。

選挙運動の期間中、日本独特の現象として宣伝車に設置された拡声器から各党の政見なるものが聞かされる。同じ駅前広場で二つの党の車からそれぞれの党の宣伝を同時に聞かされるのもめずらしくない。どちらの言っていることも聞き取れない。これは完全に騒音公害であるので躊躇なしに禁止されなければならない。

一つの党の一つの車だけからの場合でもその党が嫌いな人にとっては負の自由の侵害である。

したがってこの種の選挙運動はすべて禁止されるべきである。選挙運動をしたければ他にもいろいろな方法があり、駅前でどなるのが唯一の方法ではない。終戦直後の日本ではこれが唯一で最良の選挙運動の方法であった。しかし現在では他にも多くの方法がある。他人迷惑ではない方法のみが選挙運動として認められるべきである。

政治団体ではなく、宗教団体が駅前広場などで拡声器を用いてその宗教の宣伝をすることがある。ある宗教を広めたいのであればそれは自由である。しかし拡声器を用いてその宗教の主張を聞かされるのは騒音公害であると感じ、不快感をいだく人が存在すれば負の自由の侵害であるので禁止されるべきである。これはその宗教を禁止することではないので布教は負の自由を侵さない形でのみ認められる。ただし街頭で歩行者にうるさくつきまとったり、欲しくもない花束やパンフレットを押しつけるのは負の自由の侵害になるので禁止されるべきである。

ある政治団体が警察の許可を受けて街頭で政治的デモをする場合、その政治思想に反対する別の団体からの人間たちがそれを妨害したり身体的危害を加えたりすることがある。これはヨーロッパでは当たり前のように観察される現象で、通常は「右翼」の団体のデモに対して「左翼」が実行する行動である。

ある信条にもとづいてデモをすることは正の自由である。そしてこれは、そこに意図的に現われて妨害したり危害を加える「左翼」の人間たちの負の自由を侵害しているのではない。それに対し、危害を加えられる「右翼」のデモ参加者は、負の自由を侵害されている。したがって正式の許可を受けた合法的なデモを妨害する者は処罰されるべきである。思想的な理由で反対するのであれば警察の許可を受けて別の場所か別の日にデモをすればよい。暴力でデモを抑えつけるという思想は人間の多様性を認めず、ある特定の思想を押しつける全体主義である。これは思想の内容に関係なく、「右翼」、「左翼」どちらにもあてはまることである。

法律の存在意義

法律は人間の行動に指針を与えたり行動を規制するのが目的である。人間の多様性は事実であり、それはできるだけ認められるべきである。心理的な多様性のために人間の考えにはいろいろあり、その違いも大きい。思想の自由は認められなければならない。しかしある考え方にもとづいて行動をした場合、それが他人の負の自由を侵害するのが明白な場合にはその行動は禁止されたり制限されなければならない。負の自由を優先してから正の自由を認めるのが原則である。

法律はこれにしたがって立法化され、施行されなければならない。単にある特定の宗教、政治思想、信条などに対応するために法律を施行するのは、それによって負の自由を侵害される人が存在する場合に限って認められるべきである。過去においてなんらかの存在意義のあった法律でも、時がたつにつれて事情の変化によりまったく存在意義がなくなる場合もある。そのような法律は無効にするべきである。それによってどのような法律が有効であるのか明確になり、これは誰にとってもわかりやすく便利である。

この非常に簡単な法律の原則を頭に入れて一般市民の話題になるような問題を取り上げてみると次のようなことが言える。他人の負の自由を侵した罪、例えば殺人、強姦、いじめ、恐喝などは罰せられなければならない。しかし殺人犯の場合、すでに第2章で述べたように死刑を執行するのは問題である。死刑はその犯人の負の自由を侵害したことになるという議論ができる。人間は死後どうなるのか不明であるので死刑にすることが必ず負の自由の侵害であるかどうか断定できない。しかしすべての人間は生きることを望み、死を望まないと仮定すれば、そしてなによりも犯人自らが死を望まなければ、死刑は明らかに負の自由の侵害である。したがって死刑は執行されてはならない。死刑は廃止されるべきである。

それと同時に、その犯人が一般社会の一員として生活すれば再び凶悪犯罪を犯す可能性があれば、それは当然望ましくない。解決策は終身刑、または長期の禁固刑であろう。犯人を一般社会から隔離する解決策をとれば、一般市民の負の自由が侵害される危険はなくなる。犯人とすれば死を免れることによって最悪の形での負の自由の侵害はなくなる。それでも禁固されることは明らかに犯人の負の自由の侵害であるが、一般市民の負の自由を守るのと犯人の負の自由を守るのとどちらが大事か、という決断になれば、一般市民の負の自由を守るのを優先すべきである。この原則は殺人以外の凶悪犯罪、例えば強姦や傷害などにも同様に適用できる。

アルコールやタバコが健康を害するのは事実である。しかしそれだけの理由でアルコールを飲んだりタバコを吸ったりすることを禁止するのは、正の自由の侵害になる危険性がある。本人が危険であることを知っていて、それでもこのような行動をとる場合には容認しないわけにはいかない。もちろんそれが他人の負の自由を侵害すれば禁止したり制限する必要がある。公共の場所では例外なく禁煙にするのが当然である。麻薬についても同じことが言える。

麻薬やアルコールの影響下で車を運転し、事故を起こせば他人の負の自由を侵害することにもなる。したがってこれを阻止するのは負の自由を守ることになり、この考え方に沿った法律が施行されるのが当然である。麻薬やアルコールの影響下で事故をおこし、他人を殺したり他人に傷害を与えたら、それが意図的ではなくとも厳しく処罰されなければならない。殺されてしまった犠牲者にとっては、意図的に殺されたのか、麻薬やアルコールの影響下でそのつもりではなかったのに事故になり殺されたのか、の違いはない。負の自由の侵害は負の自由の侵害であり、死は死である。これは大変重要な点である。

第8章　葛藤を回避できる社会

人間の多様性の保持、そして負の自由の優先、という二つの条件を考慮しながら、一体どのような社会を形成するのが望ましいかという問題を考えると、そして日本と世界の人間がどのようであるかという現状を観察すると、ある一つの案が浮かび上がる。そして本書ではこの案を次の**仮定6**としてここで述べることとする。

仮定6　考えられる他の条件すべてが同じであった場合、人間の多様性と人数は相関関係にあり、人数が多いほど多様性が増加し、人数が少ないほど多様性が減少する傾向にある。

この仮定はつぎのように説明できる。人間の生物的多様性は生殖行動によって遺伝子を交換する集団の大きな影響を受ける。これは遺伝子的にはジーン・プールと呼ばれ、遺伝子蓄積庫とか遺伝子貯蔵庫などと訳されている。理論的には可能でも、一人の人間個体は世界に数多く存在する異性の人間個体と生殖行動をするわけではない。これは地理的距離、年齢、人種や民族、言語や宗教、教育水準、職業、などといった比較的少数の要素によって限定される。一つだけのジーン・プール、またはそれに近い状態の社会では人間の生物的多様性は限定されてしまう。その極端な例は孤立した小さな村であろう。このような村で、村そのものがジーン・プールまたはそれに近いものとなると、村の住民は遺伝子的に類似する。そのために遺伝子型（ジェノタイプ）はもちろん、表現型（フェノタイプ）も類似する可能性が高い。

小さな村ではあまり多くの職業もない。職業の数が限られていれば職業の違いのためにおこる意見の相違も多くはない。小さな村ではほとんどの村民は農業に従事している可能性が高いため、農業に関した知識や興味が話題になる可能性が高い。好き嫌いや物事や事件に対しどのように考え、どのように反応するかも似たようになる可能性も高い。したがって村民の心理的多様性はそれほど大きくない。農業を生活の基盤とした村では文化的には大変均一であるため、文化の多様性はほとんどない、と言ってもよい。

均一な社会の利点と欠点

これは社会学でよく知られている「ゲマインシャフト」の社会であると言ってよい。しかしこのような社会は農業の社会である必要はまったくない。生活基盤は漁業、林業、鉱業でもよいし、考えようによっては刃物、瀬戸物、衣料品、半導体など、ほとんど一つの商品だけを生産している町でも似たようなもので、これは日本各地に見られる。要は人間の生物的、心理的、文化的多様性が比較的限定されているのが特徴である。このような社会で生きている人たちは生物的、心理的、文化的に異なる人に対してショックを感じたり、目をまるくしたり、興味をいだいたり、反感をもったり、理解できなかったり、といった反応を示す可能性が高い。

このような社会に利点も欠点もあるのは当然である。何らかの点で生物的、心理的、文化的に異なった人間は、異端視される可能性が高く、住みにくい。場合によっては迫害されたり村八分にされたりするかもしれない。これは確かに欠点と言える。しかしそれと同時に、利点もあることも認めなければならない。村の住人たちが比較的に均一であれば、突飛なことを考えてそれを実行したり、他の村人が理解できないようなことを主張して騒動を起こしたりする可能性も低い。皆が似たり寄ったりで同じように考えたり、好き嫌いが似たようであれば村としての意見をまとめるのもむずかしくない。筆者はこれこそが社会の単位であるべきであると主張したい。

主張3　社会の単位は多様性が比較的に限定されていることが望ましい。

この主張は誤解を招きやすいために説明をする必要がある。人間が多様であることは原則的には人類にとってよいことである。生物的、心理的、文化的多様性はデータバンクのような役割を果たし、人類が生き延びる場合に有利である。しかしこれはすべての多様性がそっくりそのまま一つの社会に存在しなければならない、ということではない。これは大変重要な点であるのでもう一度繰り返したい。人類の多様性を保持するためには、多様性が一つの社会の中に同時に存在する必要はない。人類にとっての多様性の有利さは、むしろ別の形で維持されるほうが効果的である。

レバノンと中国の教訓

これは具体的な例を考えてみれば理解できる。レバノンは昔から「少数派だけの国」と呼ばれている。その理由はレバノンには複数の民族と宗教宗派が存在し、それぞれの人口は相対的には多くない。したがってレバノンではある特定の人たちが支配的な立場にたち、他の人たちを支配してしまうことはできない。誰も少数派に属し不満である。不満ばかり感じている人たちからなる国では安定した国を維持し、安定した政治と経済を維持することはできない。政府は弱く、国内の不満は簡単に爆発してしまい、内戦になってしまう。しかもレバノンは小国であるため、他国の干渉をうけやすいという根本的な弱点がある。悲劇の国である。

レバノンを中国に比較して見ると問題点が理解できる。レバノンと同様に、中国は多くの民族からなり、宗教の異なる人たちも存在する。少数派は不満をもっているが、数では圧倒的な漢民族が軍事力で抑えつけてしまう。全体主義の体制を維持し、不満分子には言論の自由など認められず、デモでもすれば禁固刑に処せられたり、反中国の行動が度を過ぎたと解釈されれば処刑されてしまう。

レバノンと中国を比較するとどちらが好ましいであろうか。答えは明白である。どちらも好ましくない。どちらも人間の多様性に相応した政治ができず、どちらにも負の自由は存在しない。どちらも落第である。しかしこれら二つの国には大きな違いがある。レバノンには圧倒的なグループがなく、どのグループも弱いために安定した政府がつくれない。これに対して中国では漢民族が圧倒的で、力の政治をすべての人びとに否応なくおしつける。少数派ばかりの国と一民族圧倒的支配の国、弱い政府と全体主義を強力に押しつける政府では、どちらも真っ平ご免である。もし感染するのだったらコレラとペストのどちらを選ぶか、と聞かれるようなものである。

この二つの極端な例から言えることは、極度の多様性が存在する場合、国として機能するのはむずかしく、内乱がたえず続くか、内乱の可能性を力で抑えつけてしまうかのどちらかしかない、ということである。

スイスが示す教訓

スイスはこの点で対照的な国である。政府は安定しているため国情は安定している。そのため国の基本産業の一つと言える銀行と保険業も安定し、不安感を与えない。したがって外国からの資金が流入し、これがスイス人の職をつくりだす。他の先進国に比較して失業率は常に低く、それがゼロになることもめずらしくない。したがって個人所得も一人当たりの国内総生産も常に世界最高水準にある。

しかしスイスは昔からこのように豊かな国ではなかった。スイスというのはいわば寄せ集めの国で、ヨーロッパの歴史が大きな勢力の争いの歴史であった時に、それから取り残されたり無視されたりした弱い貧しい異なった人たちの集団が、何とかして生きてゆこうと集まったのが始まりである。スイスの始まりはハプスブルグの支配に反対し自由を求めて一二九一年に結成された三つの地域の同盟である。

これらの地域はいわば孤立した谷間に囲まれた、外部からの支配を嫌い自由を求めるそれぞれ均一な三つの社会であり、いわば三つのゲマインシャフトそのものである。これに他の地域が参加して現在のスイスになった。寄せ集めの国であるため現在のスイスには四つの言語があり、宗教もカトリックとプロテスタントの両方が存在する。常識で考えれば、このような国はたえず民族的、言語的、宗教的な争いに悩まされ、人びとはお互いに憎み合い、殺し合い、レバノンのようになるはずである。しかし現実は平和な、安定した、豊かな国である。その秘密はどこにあるのであろうか。

スイスが成功した理由

答えはスイス独特の連邦制度と、外国で言えば州や県に相当するカントン、そしてその下の市町村の形成方法にある。極端な表現をすれば、スイスという国は存在しないと言ってもよいくらいで、スイスの連邦政府は二六のカントンのすることを総合的に管理する世話役程度でしかない。国の支配権と主導権は常に国民にあり、政府は権力のない使用人の立場にある。しかも国民も政治家もこのことをはっきりと意識している点がスイスの特徴である。このような国は世界にはスイス以外に存在しない。

カントンは極度の自治をする権利をもち、それぞれのカントンは事実上独立国のようなものである。つまりスイスは小さな独立国の集団とも言える。カントンの自治の実態はカントンによって異なるが、共通して言えることはどのカントンにも独自の憲法、そして独自の司法、立法、行政が存在する。したがって税率もカントンで異なる。ツーグというカントンでは法人税率が低いため、ここに本社をおく企業が多い。しかもそれぞれのカントン内の市町村にも極度の自治が保証されている。スイスの最大の特徴は、日本や欧米諸国のように国が上から下へと組織されているのではなく、下から始まって上に達する組織になっている点である。

カントンは原則的には何らかの形で均一な人びとから形成されている。その基礎は言語である。

スイスには二〇の全カントンと六つの半カントンがある。この二種類のカントンの違いは、全カントンは連邦議会に二人の議員を代表させるが、半カントンは議員が一人であるという点で、それ以外については同じと見てよい。これら二六のカントンのうち、二二のカントンでは公式の言語は一つしかない。ドイツ語が公用語のカントンにはドイツ語系スイス人が住む。これに対し、フランス語が公用語のカントンにはフランス語系スイス人が住む。これによってこれら二二のカントンはそれぞれ言語的に均一である。

スイスでは四つの言語が用いられており、三つのカントンではドイツ語とフランス語が公用語、一つのカントンではドイツ語、イタリア語、ロマンシュ語が公用語である。しかしこれがそっくりそのままカントン内のすべての市町村に反映されているわけではない。ここがスイスの興味ある点である。カントン同様、市町村にも公用語がある。したがってある言語がカントンの公用語の一つであるからといっても、必ずしもカントン内のすべての市町村でも公用語であるという保証はない。カントンの公用語、市町村の公用語を用いなければカントンや市町村では公式には扱ってもらえないのが原則である。しかしこの厳しい原則も最近の難民や移民の増加によって緩和されてきている。

カントンの実態

チューリッヒという名のカントンはドイツ語のカントンであり、このカントン内にあるチューリッヒ市は当然ドイツ語の市である。この市内にはフランス語しか話さないフランス語の地域など存在しない。これはもちろんフランス語系のスイス人が差別されるなどという問題でない。フランス語系のスイス人でもスイス人として大手を振って何の問題もなくチューリッヒに住める。フランス語系スイス人の一家がジュネーブからチューリッヒに移住し、家族の間や友人たちとフランス語で話すのは自由である。しかしドイツ語がチューリッヒの公用語であるので、官庁との接触など、公式の場合にはすべてドイツ語を用いなければならない。同様にフランス語が公用語のジュネーブでは、官庁との接触はすべてフランス語でありドイツ語ではだめである。これがスイスなのである。

スイス人の教育水準は高く、通常ほとんどのスイス人はドイツ語、フランス語、英語は話せる。しかしカントンの公用語が一つと決っていれば、その言語しか使用しない。ここではバイリンガリズムなどというものは存在しない。

チューリッヒからジュネーブまで列車に乗って旅行するとこれを実際に体験できる。列車が出発し、ドイツ語のカントンの中を通行中であれば、車内のアナウンスはドイツ語だけである。観光客のために英語でもアナウンスする、などということもしない。ところが列車がフランス語のカントンに入るとアナウンスは直ちにフランス語だけになってしまう。あたかも別の国に来たようである。そしてここにそれぞれのカントンの独立精神がありありと感じ取られる。

これをもし日本人の感覚で扱ったらどういうことになるであろうか。列車が発車すると「本日は……にご乗車いただきまして……号車から……号車までは……トイレは……指定席は……自由席は……グリーン車は……この列車の停車駅は……」と国の言語四つで長々と聞かされるわけである。聞かされる乗客はうんざりする。それをスイスでしないのはその必要がないためであり、その必要がないのは、長かった憎み合い殺し合いの歴史で苦労した結果、解決策を見出したためである。しかも日本式に長々と列車についての講義もせず、次の停車駅を伝えるだけである。

スイス人はスイスに住んでいる限り、自分はスイス人であるという意識がないと言われている。それぞれのスイス人にとってはカントンが自分の「国」であり、自分の「国籍」はそのカントンなのである。ルツェルンというカントンの政治家であるフィリップ・アントン・フォン・セゲセルは「ルツェルンが自分の祖国なのだから、ルツェルンから自由と独立がなくなったとしたらスイスなんてどうでもよい」と明言している。このカントン精神が「愛国心」なのである。このようなスイス人が外国に住むと初めて自分はスイス人である、という意識を持つようになり、ドイツ語系のスイス人とフランス語系のスイス人が親しい友人になれるそうである。

住民社会の自治

カントンよりさらに興味深いのは市町村である。これはいわばスイス人が毎日の生活をする出発点であり、スイスを理解するにはこれを理解しなければならない。これはスイスのドイツ語でアインボーネルゲマインデ、スイスのフランス語でコミューンと呼ばれる。日本語に訳するのは難しいが基礎自治体などとも訳されている。筆者は住民社会とでも訳したい。これはゲマインシャフトそのもので、スイス人の現住所での毎日である。

この住民社会では選挙、国民投票、住民投票、治安、初等教育、福祉、保健、文化活動、防衛、地域計画、交通機関、警察、消防、戸籍などを扱う。驚くべきことにはこの住民社会は外国人に市民権を与える権限がある。しかも市民権はそっくりそのままスイスの国籍を意味する。外国人が市民権の申請をした場合、それをどのように処理するかはカントンや住民社会によって異なる。

ツーグというカントンのマルタースという住民社会の場合を紹介してみたい。ここではそれを住民投票で行なう。申請者は市民権を申請することを土地の政党すべてに通知し、その土地での方言に堪能であることを証明できなければならない。通常申請者の写真が公表され、住民すべてが写真を見る機会を与えられる。その上で、申請者に市民権を与えるかどうかを決定する住民投票が行われる。申請書と共に手数料を払う必要があり、これはすべての申請者に同額ではなく、人によっては高かったり安かったりする、とのことである。日本人にとってはびっくりすることばかりであるが、実はスイス人でもこれに驚く人は多い。住民社会の自治はそれほど独立していて、場所によって異なるものなのである。

ここには注目すべき点が二つある。一つはこの住民社会のやりかた、機能のしかたは昔ながらのゲマインシャフトの社会そのもので、一三世紀にスイスという国が生まれた時そのままの心理、そのままの思想を現在になっても保持している、という点である。マルタースで外国人が市民権を申請した場合、それを住民投票で決めるのは村の心理そのものである。この外国人を自分たちの仲間に入れてよいだろうか、仲間の一人としてうまくやっていけるだろうかと考えた後、賛否の投票をするわけである。

もう一つはスイス人の生活と政治の出発点そのものである住民社会の独自性と自治性を示している点である。カントンや連邦政府から、ああしろこうしろ、ああしてはいけない、こうしてはいけないなどと言われずに機能するのが住民社会である。考えようによってはスイスではこの住民社会がすべての基本であり、カントンは二の次、国などどうでもよい、というのが現実である。

世界が学ぶべきスイス人の現実性

これがスイスの秘密である。レバノンや中国などと違い、社会が均一であることが憎みあいを避け、争いを避け、殺し合いを避け、お互いに平和に暮らすことができる必須条件であることをスイス人は知っている。それは言語、民族、宗教などの多様性からおこる問題を避けることである。これなら各カントンの政治は安定し、スイスという名目上の国も安定し、経済も安定し、失業率も低い、というようにすべてが好ましい結果を生み出す。これは明確で立派な教訓である。

スイス人は最初からこの秘密を知っていたわけではない。スイスと言えども当たり前の人間から成り立っている国であり、聖人やすべてを悟った僧だけが住んでいる国ではない。ヨーロッパで宗教改革が始まり、カトリックとプロテスタントが憎みあい、殺しあいをするようになると、スイスでもその影響を受け、お互いに憎み、殺した。しかし次第にその悪に気がつくようになり、殺すのだけはやめよう、という風潮になっていった。憎みたいなら十分に憎め、しかし憎むからといって殺すのだけはやめたほうがいい、という考えである。

これに関して大変教訓に満ちた話がある。スイスではカトリックとプロテスタントが二度にわたって戦ったカッペル戦争と呼ばれる戦争がある。一五三一年の第二次カッペル戦争ではカトリックが勝ち、プロテスタント側で戦った宗教改革の指導者ウルリッヒ・ツイングリは戦死した。戦いが終わったあと、どちらの兵士も疲れきり空腹であった。現実的に考えた兵士たちは一緒に食事をすることにし、何と同じ鍋の食べ物を分け合ったとのことである。このように現実的に考えるのがスイス人の特徴である。スイスは一七九八年に一度は中央集権された共和国になった。しかしこれではうまく行かないことを悟るとわずか四年後の一八〇二年にこれを解消してしまった。誠に賢明な決断であった。

ベルギーの教訓

ヨーロッパから別の例を挙げることにする。ベルギーである。ベルギーはカトリックの国であるので宗教では問題はない。しかし北半分はフラマン語を話し、南半分はフランス語を話す。ベルギーではこの二つの言語の違いによる対立意識は激しく、さらに北半分は南半分より経済的に豊かである事実も問題に拍車をかけている。

ベルギーの首都ブリュッセルは事実上この二つの言語の境界線上にある。そのためブリュッセル市議会ではすべてを二つの言語で処理しなければならない。市議会議員や市の職員でも必ずしもこの二つの言語に堪能であるわけではない。感情的に他の言語を話したくない、聞くのもいやだ、という人もかなり存在する。市民も同様である。これでは紛争の爆弾を抱えているわけで、それがいつ爆発してもおかしくない。

ベルギーのルーヴェン市には歴史と伝統を誇る世界的に有名なルーヴェン大学がある。この大学はフラマン語の地域に存在するにもかかわらず、一九世紀の終わりにはフランス語だけの大学であった。これがまず紛争の種となり、一九三〇年にフラマン語でも講義をすることを始めた。しかしフラマン語派はフランス語派が優越感をもち、いろいろの点で優先されていると苦情を言い始め、その結果一九六〇年代には大学紛争が続いた。一九六八年にやっとたどり着いた解決策はルーヴェン大学を二つに分けてしまい、一つはフラマン語だけのルーヴェン大学、もう一つはフランス語だけのルーヴェン大学とすることであった。名前は同じでも二つの独立した大学にしたわけである。そしてフランス語のルーヴェン大学はルーヴェン市を離れ、ブリュッセルから三〇キロほどのフランス語地域に引越しをした。これによって初めて平和共存が可能になった。

不幸な夫婦のようなベルギー

フラマン語というのは事実上オランダ語と同じである。もとはと言えば、ベルギーの北半分はオランダの一部であった。しかし宗教上の理由でオランダのプロテスタントの多数派に差別をされていると感じ、独立したのがベルギーという国のそもそもの始まりである。したがってここの住民は自分たちはオランダ人であるなどという意識はまったくない。ベルギー人なのだ、という意識である。

あるフラマン語系のベルギー人の心理学者に、ベルギーではこれだけ言語の違いによる憎みあいがあるのだから国を解散し、北半分はオランダと一緒になり、南半分はフランスと一緒になる解決策を考えた人でもいるのかと聞いたところ、どちらのベルギー人にとってもそんなことはとても考えられない、問題外である、という明確な回答を得たことがある。ベルギー人はやはりベルギー人でいたい、という心理である。これでは結婚にうんざりしている夫婦が一緒に住んでいるのはいやだ、でも離婚もしたくない、と言っているのと同じでどちらにとっても不幸である。

ここで考えられる最良の解決策はベルギーという国を解消し、それぞれが一つの言語だけの独立国として生きてゆくことである。チェコスロバキアという国は、一九六八年にソ連の戦車が侵入してきた時にはスロバキア出身の大統領、アレキサンダー・ドブチェクのもとで国をあげて一致団結し、けなげにもできるだけの抵抗を試みた。しかしソ連の崩壊後は以前からくすぶっていたチェコとスロバキアの対立が解決できず、この二つの地域は結局二つの独立国になり、お互いに満足している。国の単位はお互いに満足できる人たちだけにするのがもっとも無難である。そしてその目標に達するには、言語、民族、宗教などが一つであれば簡単である。解決するのが不可能な問題を抱え、たえず不満をもちながら生きてゆく必要はない。

スターリニズムの教訓

ヨーロッパの中での言語、宗教、民族などの違いによる紛争は大変である。しかしこれは比較の問題でもある。ソ連が崩壊したあとに発生し始めた紛争はとても比較にならない。一九九一年七月一三日発行の『エコノミスト』（ロンドン）によれば、モスクワの科学アカデミー地理学研究所は、ソ連の一五の共和国の間の二三の国境のうち二〇の国境でなんらかの紛争が報告されているとしている。そしてその解決策の可能性についても悲観的な見方が多い。なぜそうなってしまったのかを理解することだけは簡単である。それはソ連共産主義に責任があり、特にスターリニズムの責任を取り上げなければならない。

ソ連が成立する以前の時点では、ソ連と呼ばれるようになった広大な地域のほとんどには明確な国境などというものは存在しなかった。これは特に中央アジアについて言えることで、現在ウズベク、キルギス、タジク、トルクメンなどと呼ばれている国は存在しなかった。もちろん異なった人種や民族は存在していた。しかしこれらの人びとは遊牧や農業で生活していて特に国家の意識などもっていなかった。そして中央アジア全体は単にトルキスタンと呼ばれていて、これは国家ではなく地域の名称であった。

しかしソ連はこの地域に共和国をつくり、その国境線を引き始めた。これが問題の始まりである。スターリンは中央アジアに五つのイスラム共和国をつくったが、その目的はイスラム主義や汎トルコ民族主義がこの地域で芽生え、モスクワに対して反乱を起こす可能性を阻止することであった。事実トルキスタン民族国家の創立を唱えたスルタンガリエフはスターリンによって粛清されてしまった。スターリンが用いた方法は巧妙でありうまく考えたものと感心せざるをえない。その方法とは一つの民族や言語だけで一つの共和国を作らせず、一つの共和国をできるだけ複雑にしてしまうやり方であった。確かにどの共和国を見ても、民族的にも言語的にも複雑である。このようにしておけば異なった民族が国内でにらみ合っていてモスクワにそむく暇がなくなる。

スターリンは別の方法も用いて同様な効果をもたらすことをした。民族の強制移住である。スターリンは民族の強制移住を一九二九年から始めたとされているが、それが大規模になったのは第二次大戦中と戦後である。ナチスに協力した罰という口実でクリミアのタタール人の自治共和国は抹消され、タタール人は中央アジアに移住させられた。チェチェン人とイングーシ人もまったく同じ理由でシベリアとカザフに移住させられた。フルシチョフによれば、スターリンは同じ口実を用いてウクライナ人も強制移住させたかったが、その数があまりにも多いので実行しなかったとのことである。

このように意図的に複雑に形成されてしまったソ連の共和国では、ソ連が崩壊するやいなや抱えていた爆弾が爆発するのは当然である。スターリニズムは人類すべてにとって悲しくも貴重な実験である。この教訓は忘れてはならない。そしてこの教訓は政治と政策を考える場合常に意識されておくべきである。

「多文化主義」の考えが発生した理由

現在の日本では「多文化」とか「多文化主義」などという表現をしばしば聞かされる。これは御多分にもれずアメリカで発生した概念で、英語の「マルチカルチュラル」、「マルチカルチュラリズム」などといった表現の訳である。アメリカの社会学、人類学、政治学などの分野でこのようなことを言い出すと、アメリカの学者が言い出すことを指針としている日本の学者たちは早速それを取り入れ、この概念を取り入れた本や論文を書くようになる。マスメディアもそれに従う。属国文化のなさけない実情である。

この「多文化主義」なる表現がなぜアメリカで発生したのかという理由は、アメリカの歴史を見れば簡単に理解できる。アメリカ大陸にヨーロッパ人がやってきた時にはすでに先住民が存在していた。この先住民であるインディアンたちの土地を暴力で奪い取り、抵抗する先住民は虐殺した。天然痘にはまったく免疫力のなかったインディアンたちに、天然痘で汚染された毛布を物々交換のときに渡して感染させて殺してしまう、という方法も意図的にとられた。この西洋の組織的な侵略によって先住民の人口は極度に減少してしまった。それでも北アメリカはまだましである。オーストラリアの南方にある島、タスマニア島では先住民は全滅させられ、西インド諸島でも先住民は事実上全滅させられている。

生き残った北アメリカのインディアンたちは特別の居留地に強制的に移住させられ、これはアメリカでは「リザーベーション」、カナダでは「リザーブ」と呼ばれている。邪魔者であるインディアンは目障りで騒動をおこすから隔離してしまおうという考えで、太平洋戦争勃発後、アメリカとカナダの太平洋岸に住んでいた日系人を強制的に収容所に送りこんだのも実はこれとまったく同じ発想であった。

問題はこれだけではない。アフリカ奴隷を多数アメリカ大陸に輸入し、しかもこれは長い間合法であった。ヨーロッパ各国からは次々と移民が入りこみ、人種と民族の事情をさらに複雑にしてしまった。一九世紀になると東洋からの移民が加わり、ゴールドラッシュや鉄道建設のために中国人、農業に従事する日本人の移民が入りこんだ。二〇世紀の末近くなるとアメリカの移民政策も以前の明確な人種主義の方針に変化を見せ、アフリカや韓国その他のアジアの国々からの移民も可能になった。

密入国をするメキシコからの人間も多い。一八九八年のスペインとの戦争の結果取得してアメリカ領となったプエルトリコからの移民同様、メキシコ系はスペイン語を話し、現在ではカリフォルニア州の南部やロサンジェルス市、ニューメキシコ州、コロラド州のデンバー市周辺などでは、スペイン語しか話せない人が多い。

多文化から発生する社会問題

人種と民族がこのように複雑になっては重大な問題がおこるのは当然である。人種と民族間の憎みあい、殺しあいはアメリカでは昔から日常茶飯事になってしまっている。アメリカでこれが社会問題になるのは火を見るより明らかである。最大最重要の人種対立の問題はヨーロッパ系とアフリカ系の間で、この責任は西洋文明の人種主義、それにもとづく奴隷制度にある。

これに気づいたヨーロッパ系アメリカ人は、それならアフリカ系の人間はすべてアフリカに送り返してしまえば問題が解決できると考え、実行にとりかかった。一八二〇年に最初の入植者を西アフリカに送りこみ、リバティ（自由）という単語を変形させた国名のリベリアという国をつくり、首都はアメリカのモンロー大統領にちなんでモンロビアと名づけた。リベリアは一八四七年に独立国となった。

しかしアフリカ系の人間たちをアメリカから西アフリカに送りこんだことによって、新たに別の問題をつくってしまった。リベリアは無人地帯に建設された国ではなく、その土地にはすでに先住民がいた。しかしアメリカから入植したアフリカ人たちはこの先住民を差別し、階層社会を形成してしまったのである。アメリカからの入植者のおかげで先住民たちはいやおうなしに下層社会の人間になってしまった。現在のリベリアは問題の多い国で、お世辞にも立派な国であるとは言えない。

アメリカ人の誰もが意識させられてしまったのは、アメリカでは複雑な人種、民族、そして場所によっては言語の問題を排除することは不可能である、という事実である。いやでもおうでもこの問題を避けて通れなくなってしまったのが現在のアメリカである。「多文化」というのはこの現象を描写した言葉であり、「多文化主義」というのは何とかしてこの現実を受け入れて生きてゆかなければいけない、という考え方である。

ところがアメリカのことは何でも良い、アメリカ人の言うことすることは真似をしなければいけないと考えている日本人も多いらしく、一部の日本人の間では「多文化」であるのは何か望ましいことで、日本ももっと「多文化」にならなければいけない、などと言う人も現われる。「多文化」であるために発生する重大な問題、憎みあい、殺しあいの問題が現実に世界中で毎日発生していることなどまったく知らないようであるのには驚かされる。

日本での「多文化主義」の導入

筆者が驚くのは現在の一部の日本人の無邪気さである。日本がもっと「多文化」の国になる必要があると考えると、駅構内の表示を韓国語と中国語で示すことをする。日本での公式の言語は日本語だけである。それなのにどうして韓国語と中国語で表示する必要があるのか筆者はどうしても理解できない。スイス人も理解できないであろう。ベルギー人なら笑い出すであろう。

日本に合法的に在住している韓国朝鮮系日本人や国籍が韓国である人びとは日本人とまったく同じ日本語の知識をもっているのが通常で、しかも韓国朝鮮語はできないか苦手である人も多い。中国人についても同様で、例えば横浜の中華街の住人は日本人と同じ日本語を話す。それであるのになぜ韓国語や中国語の表示が必要なのであろうか。むしろ必要なのはブラジルからの移民のためのポルトガル語の表示ではなかろうか。

韓国語と中国語の表示は韓国と中国からの観光客のために、という説明があるかもしれない。しかし韓国人と中国人は日本語を目の前にしてもそれが漢字で書いてあれば大体の意味が推定できることが多い。書いてあることを読んで、色々推定するのも外国観光のおもしろさで、筆者自身もこの種の笑い話の経験を数多くしている。しかも日本を訪れる観光客はこの二国からだけではない。観光客の話す言語すべてで表示しなければ不公平である。

それは極端であるとしても、観光客として来日する人たち、例えばフランスやドイツからの人たちのためにもフランス語とドイツ語で表示するのが「多文化」の対応である。もちろんフランス人、ドイツ人の観光客は国際語である英語で十分で、彼らは日本でフランス語やドイツ語の表示があることを期待しないし要求もしない。観光客として言葉が違う国に行けばこの程度のことは当然である。観光が国の基本産業の一つであるスイスには毎年多くの観光客が外国からやってくる。しかしスイスではすでに述べたスイス精神を毅然と示し、外国人のためにすべてを英語で表示をするなどということは原則としてしない。

筆者が驚いたのは九州新幹線に乗った時のことである。車内のアナウンスは日本語と韓国語であった。筆者が見た限りではその列車には韓国人の観光客など一人も乗っていなかった。それでもおせっかいにも録音された韓国語のアナウンスが流される。カナダでは英語とフランス語が公式の国語である。しかし実際に英語とフランス語を並列して街角などで示しているのはケベック州とニューブランズウィック州の一部だけである。

日本では公式の国語は日本語だけで韓国語と中国語は日本の国語ではない。にもかかわらず、韓国語と中国語の表示のまったく必要ない電車、例えば東急東横線などにそれが見られるのはなぜか理解できない。来るべき将来にはこの二ヶ国語も日本の公式国語になることを予想し、早々とその準備をしているのであろうか。

民族意識の根底にあるもの

世界の人びとは色々な方法で分類することができる。その中でも民族意識を形成する心理的要素は複雑である。そのような意識は顔形や身体的特徴によることもありうるが、必ずしも決定的なものではない。それよりも宗教、しかも同じ宗教でもどの宗派であるかという点、言語、音楽、食べ物などは、団結意識を奮い立たせる強力な要素となる。言語の場合、単にお互いに話し合って意志の疎通ができる人たち、というもの以上である。特に詩は民族の心を表現する場合が多く、ある特定の言語で団結されていれば自分たちの詩を読んだり聞いたりして涙を流すのもめずらしくない。

これまでの人生で筆者は数多くの国籍と民族の人たちと出会ったが、しばしば体験したのは、筆者がまったく理解できない言語を母国語としている人たちが、自分たちの国にはすばらしい詩人がいる、しかし自分たちの言語で書かれた詩は外国語に翻訳できない、したがってノーベル文学賞級の詩人であるのにノーベル賞はもらえない、と聞かされることであった。おそらく真実であろう。その言語を本当に理解し鑑賞できなければその言語だけに通用する詩は書けないし判らない。これは当然日本語についても言える。俳句は外国語には翻訳できない。都々逸も落語も歌舞伎も翻訳できない。

音楽でもそうである。シベリウスの作曲した『フィンランディア』はスウェーデンやロシアの支配下にあったフィン族の苦しみと悩みを描いた交響詩で、これを聴くとフィンランド人は涙を流すほどの反応を示す。フィン族の歴史と心そのものを描いているのである。日本でも一九四五年の八月一五日に敗戦の知らせを聞かされた人たちの一部は宮城前広場に集まり、『君が代』を歌い涙を流した。しかし他の民族にとっては、長調でも短調でもない『君が代』は何の反応も感じない妙な曲で、いつ曲が終わったのかわからないという印象を与える。

現在の日本では『君が代』に反対する人も存在するが、筆者はこの件に関してはここでは意見を述べない。しかしここでぜひとも読者のご意見を伺いたいことがある。世界の一部の国には「第二の国歌」というものがある。国民の誰もが知っていて喜んで愛して歌える歌である。これは国歌同様に扱われ、事実上の国歌である。日本にも「第二の国歌」があってよいと思う。その候補にはいろいろあるが、筆者の選ぶ第一候補は長野オリンピックの閉会式の時に歌われた『ふるさと』である。政治的にも無色透明であるし郷土愛を歌っているので日本人のだれにも受け入れられる歌であると考える。曲も美しい。いかがであろうか。

長野の話の続きになるが長野県は大きな県で南北に長い。そのため北には北陸的な意識があるのに対し、南には中部の意識がある。これによって北と南の意見が対立することがあり「長野県の南北戦争」と呼ばれていた。一九四八年の県議会ではこの対立がひどくなり、県が分裂するほどの騒ぎになったが、これを傍聴席で見ていた分裂反対派が突然県歌である『信濃の国』を歌い出し、それを聴いた分裂賛成派が直ちにおとなしくなってしまったとのことである。

ある特定の食べ物を食べる民族にとってはその食べ物には強い執着があり、これも民族性を形成する心理的要素となる。アメリカのルイジアナ州、スウェーデン、フィンランドで食べるザリガニ、日本の納豆や松茸、フランスのかたつむり、韓国の犬などは他の民族にとってはおかしな食べ物でしかないが、食べる人たちにとっては大まじめなのである。このような独特の愛着心が特定の人びとに特異な帰属意識を形成させる。これは国粋主義でもなければ排他主義でもなければ人種主義でもない。社会を形成するのに役立つ有意義な意識であり、その観点からすれば人類全体にとって望ましい。そしてこれを無視するのは非現実的であることに注意しなければならない。

言語の重要性

帰属意識を形成し、人びとに団結感、連帯感をもたせる要素の中でも言語の重要さを見逃してはならない。これは現在のヨーロッパではカトリックとプロテスタントの違いよりも重要である場合が多いとさえ言える。ドイツ語系のスイス人は自分たちの話す言葉がドイツ人の話すドイツ語ではないことを常に意識し、それを意図的に保持する努力をしている。カナダ人はアメリカ人の話す英語を嫌う傾向にあり、字の綴りもカナダ式を保持する努力をする。そして多くのカナダ人はアメリカ人の発音を嫌い、外国でアメリカ人に見間違えられるのを嫌う。

フィンランドは過去においてスウェーデン領であった。この歴史的事実を反映してスウェーデン系フィンランド人が少数派としてフィンランドに住んでいる。そして公式にはフィンランドの公用語はフィン語とスウェーデン語である。しかしこれを嫌うフィンランド人も多く、学校でスウェーデン語を習ってもそれを話したがらない。スウェーデン語そのものに反感を持つフィンランド人も多いため、フィンランドではスウェーデン語を話さないほうが安全である。フィン語を話せば最善であるが、それができなければ英語を用いたほうがよい。

スウェーデン語とノルウェー語の違いは日本の関東弁と関西弁程度の違いで、慣れれば一方の言語の知識だけで他方の言語がかなり理解できる。従ってスウェーデン人とノルウェー人が会話をする場合にはそれぞれが自国語を話し、お互いに理解しあう。そしてそれぞれが自国語に誇りをもって話す。相手の国の言葉が話せても、それを話すことはしない。ここに言語がもたらす帰属意識がある。

第9章　多文化社会で発生する現実的な問題

日本とスウェーデンを比較してみると、当然かもしれないが類似点と相違点がある。類似点の一つは歴史的に見た住民の構成である。二〇世紀の半ばごろまでは、スウェーデンの住民は圧倒的にスウェーデン生まれのスウェーデン人であり、ごく少数のサーメ人（以前はラップ人と呼ばれていた）とフィンランド人が住んでいた。フィンランド人はフィンランドがスウェーデン領であったときの名残りと、第二次大戦中にスウェーデンに疎開したフィンランドの子供たちが戦後そのままスウェーデンに残ったこと、そして仕事を求めてスウェーデンに移住した人たちがあったこと、といういきさつのためである。

これを日本に例えると、サーメ人はアイヌ系日本人、フィンランド人は韓国朝鮮人に相当すると考えればよい。日本同様、スウェーデンは歴史的に見て人種、民族、文化的に「単一」であった。この「単一」という表現は日本の人口について用いると非難されがちであるが、国が「単一」であるかどうかは比較の問題で、世界のほとんどの国に比較すれば日本もスウェーデンも過去においては複雑ではなかった。

しかしスウェーデンの人口構成は二〇世紀後半から急速に変化した。まず一九五六年にソ連がハンガリーに軍事的に介入した結果の動乱で多くのハンガリー人が難民としてスウェーデンに住みついた。その後労働力不足のためユーゴスラビア、ギリシア、イタリア、トルコなどからの移民が加わった。これよりさらに後になると、今度はアフリカやアジアからの難民が多数スウェーデンにまでやってくるようになった。

スウェーデンは難民受け入れに比較的に寛容であったという理由もあり、本来のスウェーデン系の住民に比較して非スウェーデン系の住民の占める割合は急速に増加した。非スウェーデン系とはいっても最初はヨーロッパの他国からの人間がほとんどであったので宗教は通常キリスト教であり、文化的にも極度に違うわけではなく、寛容なスウェーデン人はこれらの人びとをスウェーデン社会に吸収しようと努力した。

より深刻になる多文化の問題

ここまでがスウェーデンができる限界であった。人口がわずか九〇〇万ばかりの国では難民を受け入れて社会に吸収するのは莫大な負担である。それでもスウェーデンは努力に努力を重ねることを続けてきた。しかし二〇世紀の終わり頃から新しい苦労の種ができてしまった。イスラム系の住民の増加である。

スウェーデン人にとって、キリスト教以外の宗教を信じる難民や移民は初めてではない。第二次大戦中、スウェーデンにもナチスを避けてかなりの数のユダヤ人が住みつくようになった。しかしこれらのユダヤ人はいわゆるアシュケナージと呼ばれる、ヨーロッパ文化に同化し、事実上他のヨーロッパ人同様に生きてきた人たちでスウェーデン人にとってもそれほど問題にはならなかった。宗教的にも狂信的な正統派ではなく、宗教的な理由を持ち出してスウェーデン社会の中であれこれと苦情を出すことはしなかった。トルコからの移民は通常イスラム教徒であるがトルコ人の場合にも宗教的な理由では問題になることはなかった。

しかしイラン、イラク、ソマリアなどからやってきたイスラム教徒の場合、宗教を持ち出していろいろな苦情を言い出すことが目立つようになった。たとえば宗教上の理由により、顔だけを露出し、頭から足まで身体のほぼ全体をおおった身なりの女性が水泳のプールにまで近づくことをする。スウェーデンでは保健衛生上の規則により、プールに入らなくてもこのような身なりでプールに近づいてはいけない、と定められている。

ここから問題が始まる。このような身なりの女性がプールに近づくことを阻止されると差別されたと主張する。イスラムの女性は宗教上の理由により、一般スウェーデン人女性のような服装でプールに近づくことはできないからこれは差別である、という理屈である。このような事件は裁判にもなり、場合によっては人間としての尊厳をいちじるしく侵害されたという理由で勝訴となり、賠償金の支払いを受け取ることにさえなる。

異なった価値観の正面衝突

スウェーデン社会の価値観では平等意識は強く、これは当然の結果として性の違いによって差別をしてはいけない、ということにもなる。しかしイスラム系の家庭では娘がスウェーデンの女性のように行動することを禁止し、それを無視した娘が親族に殺された例もある。家系を汚した、イスラムに反したことは許せない、という理由である。このような事件を描写するためにスウェーデン語の表現が考え出され「名誉殺人」と呼ばれている。本人の同意なしに結婚を強制された娘が家出をして地下に潜り、スウェーデン当局の保護を受けて親の知らない秘密の場所に住んでいるなどという例もある。

スウェーデン人にとって信じられないようなまったく異質の文化の考え方とそれにもとづく行動は以前は存在せず、考えることさえ必要ではなかった。しかし極度に異なった文化からの難民や移民が現実のものとなると、それに伴った切実な問題が発生する。これに対して二つの考え方が可能である。一つは完全に文化の相対性を容認する観点で、もう一つは文化の相対性は絶対的ではなく相対的で他の要素も考慮に入れなければならない、という観点である。

プールの件については次のように述べることができる。最初の観点からすれば、イスラムを信じる自由は認められなければならない、イスラムがある特定の衣服の身のつけかたを定めるのであればスウェーデンでもそれを実行することが認められなければならない、したがってその衣服でプールに近づく権利がある、という解釈になる。二番目の観点からすると、文化の相対性は絶対的な有効性を主張されるべきではない、したがってスウェーデン当局の主張は当然である、という解釈である。

これに対する答えは本書の極めて簡単な原則から導きだすことができる。つまり文化の多様性は認められなければならない、したがってイスラムを信じ、イスラムの教えにしたがって行動することは認められるべきである、ただしそのような行動が他人の負の自由を侵す場合には制限されてよい、という解釈になる。女性の行動の制限や親族による死の処罰などについてもまったく同様なことが言える。

文化の相対性が絶対的なものであるとする解釈では、これらの行動はすべて容認されることになり、それにスウェーデンがまったく別の文化の立場から介入してはいけない、ということになる。文化の相対性の有効性そのものは相対的であるとする本書の解釈では、女性の行動の制限や死の処罰が女性の負の自由を侵害することが明らかであれば認められてはいけない、という結論になる。

文化の相対性と負の自由の対立

ここで決定的なのは負の自由が侵害されているかどうか、という点である。プールの近くに身体全体をほぼ完全におおった衣服を着て近づくのが不衛生であり、それによって他人が何らかの病気にかかる危険性がある場合には、他人の負の自由が侵害される可能性が高い。他人の行動のために伝染病にかかれば負の自由を侵害されたことになる。行動が制限されるのは、未成年者の女性の場合には、必ずしも負の自由をいちじるしく侵害しているとは言えない場合もありうる。しかし法的に成人であれば、女性の行動を制限するのは負の自由の侵害である可能性が高い。「名誉殺人」はあきらかに負の自由の侵害である。

現在のスウェーデン社会でこのような事件が起こると、警察、官公庁、法の専門家などは明確な解釈ができず、明らかに当惑した反応が見られる。大体において文化の相対性は認めず、スウェーデンの文化、スウェーデンの法律に従え、という判断になるが、これを不服とするイスラム教徒も多く、イスラム教徒は差別されている、といった反応を示す。

「多文化社会」とはこのようになるのが現実であり、この問題は避けて通れない。このような事件で裁判になれば関係者の時間を費やし、医療、介護、教育などといった最優先にされなければならない分野が置き去りにされたり必要な出費ができなくなる。これはスウェーデンだけではなく、ヨーロッパ各国でごく当たり前に見られる現象である。

ブルカ（ニカブ）を禁止するかどうか

一部のイスラムの国にはブルカまたはニカブと呼ばれる、女性の顔をすっかり覆ってしまう衣服がある。眼の前には網のような多少透けて見える布が垂れ下がっている。したがって女性はこれを通じて外界を見て外界と接触するが、他人は女性の顔も眼も見えない。この衣服をまとった女性の姿は現在のヨーロッパではしばしば見られるようになりつつある。そしてそれに伴ってヨーロッパ各国で問題になりつつある。女性が完全に衣服にとじこまれているような印象を与えるので人によってはこれを「動き回る監獄」と呼ぶ。最大の問題はこの「動き回る監獄」の中の人間が誰であるのか判らない点である。したがって国によってはこれを禁止する方向に向かっている。

ブルガリアでは公共の場所でブルカを着用することは禁止されており、イタリアでも場所によっては禁止されている。オランダでは禁止の法律が発効寸前の状態にまでなったが、現在のところ禁止はされていない。デンマークではこれを着用した女性がバスに乗車することを拒否され、差別であるとして苦情を申し立てた。この女性は多数回使用のバスのカードを用いてバスに乗ろうとしたのであるが、このカードを使用する場合には不正使用を防ぐため使用者が誰なのかバスの運転手が判定できなければならない。ブルカを着用していてはその判定ができないという理由で、この女性の申し立ては法的に却下された。フランスではモロッコからの女性がフランス国籍を申請したがブルカを着用するのはフランス社会の価値観とは両立できない、として申請は却下された。

このようなヨーロッパの現状を無邪気な日本人、「進歩的な」日本人、「リベラルな」日本人は真剣に考えなければならない。日本で「多文化社会」を望ましいもの、好ましいもの、と考えている人たちは他国のこの「多文化」の現実を知らなければならない。そしてこれは近い将来には日本でも問題になる可能性が高いことも意識すべきである。

対抗文化の問題

スウェーデンに住んでいるイスラム系の人びとの文化はスウェーデンという文化の中の下位文化、つまり文化の中の文化であると言える。主流文化はこのような下位文化と衝突するだけではない。対抗文化とも衝突する。現在ヨーロッパ諸国で当たり前のように観察される現象の一つに活動家の行動がある。ヨーロッパ連合、国際通貨基金、G７、G８、環境問題などの会合が開かれると、その周辺にかならず現われるのが覆面をした活動家である。その数は比較的少数で機会があるごとに国から国へと移動してデモ行動をする。

このような活動家は平和なデモはしない。ほとんど毎回決りきった行動として歩道や街路からさいころ型の石をほじくりだし、それを警備の警官に向かって投げることをする。銀行や商店の窓ガラスはかねて用意の鉄の棒で叩き壊す。かねて用意のスプレーを用いて政治的な主張を壁に書き散らす。レストランからはテーブルや椅子を引きずり出し、放火する。反米の活動家はマクドナルドのレストランをアメリカ帝国主義の象徴と見なして攻撃するのが好きである。

この種の活動家の行動が顕著になってからは、毎年のG８の会合は大都市から離れた、活動家には接近しにくい場所で行われるのがしきたりとなった。その結果活動家たちは会合の開かれる場所に最も近い大都市を選び、そこで破壊活動をする。二〇〇三年にフランスのエビアンでG８の会合が開かれた時には、エビアンに最も近い大都市としてスイスのジュネーブが破壊活動の対象にされてしまった。G８のメンバーでもないスイスにとっては迷惑千万である。

この行動を正の自由と負の自由の概念を用いて考察すると、次のように言える。デモをするのは結構である。発言の自由、表現の自由は認められなければならない。これは正の自由である。しかし破壊行為は絶対に認めることはできない。不動産に被害を与えることは不動産の持ち主の負の自由の侵害である。攻撃されてもおかしくない多国籍企業の建物の窓ガラスをこわしたり、そこにスプレーで書き散らすのはある程度はその理由が理解できる。しかしこのような会合にまったく関係のない商店やレストランに対し破壊活動を行う知性の低さにはただあきれるしかない。フランスで行われているG８の会合に対する攻撃をスイスに向ける幼稚さにもあきれる。何でもよいからとにかく壊してやろうという四歳か五歳の幼児の心理である。

下位文化の考えを利用する対抗文化

警察の立場としては法に反した行為はできるだけ阻止し、被害を最小限度にくいとめる義務がある。したがって活動家が破壊活動を行なったら逮捕し、その証拠が十分であれば起訴しなければならない。これが法治国家である。それには破壊活動をする活動家をビデオやカメラを用いて記録し、逮捕したり起訴する材料としなければならない。活動家たちはこれに対処するためにかならず覆面をし頭も隠し、ビデオやカメラに写されても誰であるかよく判らないようにして逮捕や起訴を免れるようにする。

その反面、活動家たちは警官たちは暴力をふるうと主張し、ビデオやカメラに警官が写された場合、どの警官が不当な暴力を用いたか明白に判るように警官のヘルメットに番号をつけることを要求し、これはヨーロッパの一部の国では実行されている。しかしこれを要求する活動家たちは以前のとおり覆面をし頭を隠すことをやめない。その理由はイスラムの女性が頭を隠し顔を隠すことを認められているのだから彼らにも同じ権利がある、という主張のためである。これでは活動家たちはいくら犯罪行為を行なっても証拠不十分で逮捕も起訴もできず、その一方では不当な暴力をふるったと認められた警官は、ヘルメットの番号のおかげで起訴されてしまう、という現実になる。

この問題に対する解決策はいまだに見出されていない。筆者が提案できる解決策は、反対意見を街頭で示したい活動家はすべて前もって警察に届けを出して住所氏名などを記録することを義務づける方法である。その許可を受けた参加者は身体の前後に番号をつけることを義務づけられ、この番号がなければ街頭に現われてはいけないとする。ちょうどマラソン参加者がつける番号と同じでよい。これならば覆面をし顔を隠してもよい、と決めたらどうであろうか。

矛盾する「多文化社会」の思想

現在の日本で考えられている多文化社会とは、アメリカのように一つの国の中で人種的、文化的、宗教的、言語的に多様な社会である。しかしここには二つの問題がある。第一の問題はすでに述べられた点である。多様であることは理想としては望ましいかもしれないが、現実的にはそれが問題となってしまう。人びとが人種や民族の違い、文化の違い、宗教の違い、言語の違いのために対立し、憎み、なぐりあいの喧嘩になり、あげくの果てに殺人事件にもなる。

もちろんこのような結果になるのは、何も人種、民族、文化、宗教、言語の違いが必要条件ではない。単なる心理的な違いだけから殺人事件になることもある。二つのサッカーのチームの狂信的な支持者たちが、人種、民族、文化、宗教、言語に関してはまったく同じであっても支持するチームが違うというだけの理由でお互いに敵意をいだき、殴り合いをし、極端な場合には憎い相手チームの支持者を殺してしまったりする。しかし憎みあい、殺しあいはこれで十分である。これに人種、民族、文化、宗教、言語の違いまで加わったら物事はさらに深刻になる。社会が多文化社会になることはこの危険性を増加し、それがさらに現実的になることである。

第二の問題は、多文化社会という概念そのものが矛盾していることである。現在一般に考えられている多文化社会というのは、西洋文明を基礎としている世界の国々では、アメリカ、カナダ、オーストラリア、ニュージーランド、そして西ヨーロッパの国々であろう。これらの国々は表面的には異なって見えるかもしれない。国の公式の言語はいろいろで、どの産業が重要か、などという点についても異なる。

しかしこれらの国々を別の観点から眺めると、類似点ばかりである。国内のいろいろな人種や民族の中で、ある特定の民族または人種が国の支配権をにぎり、それ以外の民族や人種は上から下まで順位をつけられている。言語でもそうである。二つの言語がその国の公式の言語とされている場合でも、二つの言語のうちどちらが優先するかは明確である。宗教や文化に関してもまったく同じである。つまり多文化社会というのは、階層社会であり、いろいろな人種、民族、文化、宗教、言語が国の支配権を握っている特定の人種または民族によって評価され、その評価にしたがって上から下まで段階的に並んでいる、という社会である。

その意味では多文化社会はどこでも似たり寄ったりである。アメリカが圧倒的な支配をしている現在の世界では公式には独立国であっても、世界の多文化社会はアメリカに似てしまう。ということは少なくとも現在の時点では、多文化社会というのはアメリカがまず存在し、カナダ、オーストラリア、ニュージーランド、西ヨーロッパ諸国などがミニ・アメリカとして存在していることを意味する。アメリカとミニ・アメリカばかりではすべてが均一になってしまい、多文化ではなくなる。これは多文化社会の思想の大きな矛盾である。多文化社会の無邪気な支持者はこの点に注意していただきたい。世界が多文化の社会になることは不満をもった人たちばかりの階層社会だけをつくることであり、不満はいつでもどこでも爆発する。

分割して可能になる多様性の利点

世界の多様性を保持することは人類すべての観点から望ましい。しかしこれは多文化社会の思想からでは不可能である。それならばどうすれば本当の意味での人類の多様性を保持できるであろうか。それには筆者がすでに述べた**主張3**の考えを採用すればよい。つまり人種、民族、宗教、文化、言語などの点でできるだけ単一、またはそれに近い社会を国、州、市町村などという政治の単位とすることである。つまりスイス方式である。

この方式では、一つの政治の単位は何らかの点、例えば言語なら言語、宗教なら宗教で均一であり、国民は言語の違いや宗教の違いから発生する争い、政治危機、内戦などを回避することができる。別の政治の単位は別の意味で均一で、この単位もその均一性のために混乱をさけることができる。これら二つの単位はまったく異なるかもしれない。しかしそれぞれの政治の単位が独立していれば、言語や宗教の違いから重大な争いになる危険性は低くなるものと仮定できる。これこそがスイスのカントンが採用した方式であると言ってよい。そしてベルギーのルーヴェン大学が言語の違いによる長年の学内紛争を解決できた方式でもある。

これは世界の紛争を解決する効果的な方法として提案できる。例えば、ポルトガルという国は一五八〇年にハプスブルグ支配のスペインに併合されてしまった。これに不満をもっていたポルトガル人は一六四〇年にスペインから独立した。ポルトガル語はスペインの標準語であるカスティーリャ語はもちろん、その他のスペイン語の方言と比較してもかなり異なる言語である。言語の違いだけを考えてもポルトガルの独立はお互いに望ましい解決策であった。

これとまったく同じ解決方法が現在のスペインについても言える。スペインのバスク地方はフランスのバスク地方と一緒になり、あたらしくバスクという独立国になればよい。同様にカタロニア地方も独立国になればカタロニア人の長年の憤まんを解消することができる。これはスペイン、バスク地方、カタロニア地方のすべてにとって、好ましい解決策である。

ベルギーは言語にしたがって北と南に分割し、二つの独立国になればよい。カナダではフランス語の州であるケベックが独立すれば、英語系カナダ人との間に存在する相互の不満を解消できる。チベットも新疆も中国から完全に独立しなければ問題の解決はできない。ユーゴスラビアは分裂したことによって民族、言語、宗教の違いによる争いを大きく縮小することができ、分裂は賢い解決策であった。ユーゴスラビア連邦共和国は二〇〇三年にセルビア・モンテネグロと改称されたが、モンテネグロは独立を望み、二〇〇六年に小国として独立し満足している。

西洋に責任があるアフリカの問題

アフリカでは二〇世紀の半ばから多くの地域が独立国となった。しかしその後内乱に悩む国が多い。その理由は国が人種、民族、言語、宗教で複雑なためである。欧米はこれは民主主義が根付いていないためであるとか、教育水準が低いためであるとか、貧しいためであるなどというもっともらしい説明をつけ、西洋の「民主主義」を教えこもうとし、教育水準を向上し貧困をなくすためと称して援助のお金をつぎ込むことを言い出す。日本もそれに協力させられる。

しかしいくら教育水準が向上し豊かになり、「民主主義」を習得しても問題は解決できない。その理由は、ベルギー、北アイルランド、スペインなどを見ればどんな無知な者でも理解できる。これらのヨーロッパの国は「民主主義」の国であり、教育水準も高く豊かである。それでもアフリカと同様にお互いに憎みあい、殺しあいさえしている。

アフリカの問題の責任は西洋の侵略と植民地化にある。ヨーロッパの侵略国、特にイギリス、フランス、スペイン、ポルトガル、ベルギー、オランダは、すでにアフリカに住んでいた先住民たちの地理的分布を無視し、勝手に植民地を形成してしまった。当然の結果としてそれぞれの植民地は民族的、言語的に複雑になる。その後キリスト教の宣教師がやってきてキリスト教を教えこんだ。ヨーロッパからの入植者たちも住み着いた。これらの植民地がそっくりそのまま独立国になったのであるから国内で人種、民族、言語、宗教の対立が見られるのは当然である。これはスターリニズムの現象そっくりそのままである。

しかも西洋のエゴイズムはアフリカに独立国ができた後も続いた。ナイジェリアで一九六七年に熾烈な内戦が勃発した時、フランスは国の東部で独立を宣言したビアフラを支援し、イギリスとソ連は中央の連邦政府を支援した。「独立」した後になっても西洋に介入されるアフリカ人にとってはいい迷惑であり、本当に気の毒である。

アフリカの問題を解決する最良の方法は現在アフリカに存在するすべての国を解消し、人種、民族、言語、宗教にもとづいた、できるだけ均一なたくさんの小国をつくることである。それが不可能であればスイス方式を採用することである。つまり極度に自治権をもった均一な州の連邦とし、ちょうどスイスのように連邦政府は名目だけで、実際の政治はできるだけ低いレベルで行うこととする。例えばスーダンは北と南に分割して二つの独立国になるべきである。これは比較的簡単な例である。ナイジェリアのような大変複雑な国の場合には、数多くの自治社会、ちょうどスイスの住民社会のような組織からなる名目上の連邦にするのが解決策かもしれない。

小国だけからなる世界の形成

このように考えると、世界は何らかの点で均一な小国が多く存在するようになるのが人類すべてにとって望ましい。多くの小国がそれぞれ一つの独立国として満足していれば世界の紛争は減少する。しかし大国は大国独特のエゴイズムを持ち出し、世界を好きなように支配するのは火を見るよりあきらかである。

したがって世界の大国は何らかの基準で均一である多くの小国に分割されるべきである。アメリカ、中国、ロシアなどは分割されなければならない。これによって初めて本当に役に立つ国際組織が存在する意義がある。現在の国連の安全保障理事会のように、拒否権を持った五つの国が世界を支配するのでは大国のエゴイズムを合法化するだけで大金の浪費である。このような小国をばかにした組織は直ちに解消させなければならない。

人類の歴史を振り返ってみると、軍事力をもった大国は国土を拡大し続ける。大きいことは強いことであり、強いことは他国を支配することである。北アメリカに存在していた一三の植民地はイギリス国王の横暴さに反発し、団結してイギリスに対決し、独立戦争に踏み切り、ついに独立することに成功し、アメリカ合衆国になった。

その後アメリカ合衆国は拡大することを続け、世界を支配するまでに成長してしまった。このアメリカの世界支配に対抗するためにヨーロッパの国々は団結することを考え、ヨーロッパ連合を組織したのである。しかしこの傾向は人類にとって望ましくない。アメリカ、ヨーロッパ連合、ロシア、中国などというごく少数の勢力が世界を支配すると、その他の国々はそのいずれかと歩調を合わせて生き延びるしかない。これが憐れな日本の姿である。

世界経済の観点から見た問題点

経済的にも問題が起こる。少数の強力な通貨が世界を支配し、一つの経済圏が不況になればその経済圏内の多数の人びとが同時に影響を受けてしまう。もし多くの経済圏があれば、一つの経済圏が不況でも別の経済圏は景気は好調である、という可能性もある。しかし世界経済が集中されればされるほど世界全体が一方向に向かってしまう。

その弊害は、ヨーロッパ連合が組織され、共通通貨のユーロが導入された後のヨーロッパでありありと観察される。二〇〇八年にアメリカで始まった不況は、ヨーロッパのほとんどの国をほぼ同時に不況にしてしまった。イギリスはユーロではなく、ポンドが通貨であるのでイギリス経済に適切な独自の経済政策をとることができる。同様にスイスはスイス・フランが通貨であるのでやはりスイス経済に最適な政策を実行することができる。

しかしユーロを通貨としてしまった国々では自国に適切な経済政策を実行することができない。

これでは景気を早く回復することができる国でも共通通貨のおかげで自国の中央銀行による利率の変更ができず、景気回復の見込みの立てにくい国に足並みをそろえなければならない。その反対に極度に不況の国では利率を勝手に下げることはできない。室温が高い部屋と低い部屋にたった一つの共通のサーモスタットしかなく、暑い部屋は暑く、寒い部屋は寒い状態にあるようなものである。

このように世界経済の観点から見ても多様性は是非とも保持されなければならない。それにはなんらかの点でそれぞれ均一な多くの小さい国々が存在できるようにし、それぞれの小国がお互いに独自で他国とは異なるようにできることが望ましい。このようにして世界的な観点から人間の多様性を保持することが可能になる。

第10章　個人の尊厳を最優先にする社会の特徴と利点

　ここまで筆者の考える望ましい社会とはどんなものか、どのようにしてそのような社会をつくるか、について述べた。この章では、そのような政治思想、社会思想は具体的にどのような特徴があり、どのような利点があるかについて述べる。もちろん利点というのは人によって意見が異なるのは当然で、筆者の言う利点とは、そのような社会がどれだけ各個人の尊厳を最優先にできるか、という観点から見た利点である。その意味ではこの章は本書の要約である。

弱者のための社会

　現在の日本も含めて「民主主義」と呼ばれる国々の政治が腐敗したものであることは、常識のある人間ならば誰でも知っている。政治家でさえこの問題に気がつき、時々もっともらしいことを言い出す。選挙運動の時には「清潔な」とか「汚職を許さない」などという表現を街頭で拡声器から聞かされる。しかし一度選挙がすんでしまえばもとのもくあみで、政治は以前と変わらない。なぜそうなるかについてはこれまでの章で説明したのでここで繰り返すことは控える。しかし要点を述べると、人間の多様性を無視し、負の自由を無視しているのが問題の核心である。本書の主張はこれら二種類の無視と正反対の政治を行ない、正反対の社会をつくることである。

多様性の無視を拒否することは多様性を政治の中心に持ちこむことを意味する。現在の「民主主義」では社会の弱者は無視される。これに対し、多様性を重要視する政治では、女性、障害者、低額所得者、失業者、少数民族、老人、社会からの脱落者などそれぞれの人を無条件に社会の完全な一員と認め、これらの弱者の言うことに耳を傾けることをする。

具体的には、「平等」とは「結果の平等」を意味し、これは「負の所得税」の導入を意味する。「自由」というのは負の自由を優先することであり、正の自由は負の自由が侵害されない範囲内でのみ認められる。女性にとってはあらゆる種類の性犯罪、家庭内暴力、いやがらせなどによる被害を軽減することができる。これは児童虐待に関してもまったく同じことである。気にいらない、排除したい政治家には負の投票権を行使して政治から追放する可能性ができる。

政治家と公務員を公僕にする社会

政治家と公務員は一般市民の支払う税金によって機能している存在である。別の表現を用いれば、一般市民は政治家と公務員を雇っているわけである。我々は雇用者（雇用主）であり、政治家と公務員は被雇用者である。個人経営の小さな会社などでは雇用者はいばり、権力を乱用する傾向にある。被雇用者は雇用者の顔色をうかがい、気に入られるようにおべっかをつかいお世辞を言ったりする。お歳暮やお中元の贈り物をし、言葉づかいにも注意しなければ昇進できなかったり解雇されるかもしれない。これは自分の収入がどこからくるかで権力関係が決まってしまうことが雇用者にも被雇用者にも明確であるためである。

しかし政治家と公務員の場合は異なる。一般納税者は雇用者（雇用主）であり、政治家と公務員は被雇用者であるのにどちらの立場にある人間にもそのような意識がない。政治家と公務員（つまり被雇用者）が納税者（つまり雇用者）に対する態度は傲慢であったりする。終戦直後の日本では英語のパブリック・サーバントという表現を公僕と翻訳し、民主主義国家になった日本では政治家や公務員は公僕であることを意識しなければならない、とさかんに言われた。

しかし現在の日本では公僕などという表現はほとんど聞かれない。公僕とは文字通り「おおやけのしもべ」、つまり国民のために公式に存在する家来、下男、下女、召使なのである。この表現の原産地であるアメリカではそのような意識をもつ政治家や公務員は時折存在する。

だいぶ以前、筆者はワシントンでのあるパーティでアメリカ議会の実力者で政敵には恐れられもしたウィリアム・フルブライト議員に会い、日本のことなどについて雑談をした経験がある。学者や研究者の国際交換のフルブライト・プログラムの発案者として知られている。どんな人物かと思っていたが彼は傲慢なところなど一つもない、好感のもてる紳士であった。確かに実行力のある人物には思えたが、その反面謙虚なところもあった。

やはり古い話であるが、筆者がアメリカの大学で助手をしていた時、助手の同僚がマイク・マンスフィールド民主党院内総務に要望書のような手紙を書いた。後に大使として日本にやってきた人物である。この同僚は返事など期待していなかったが、なんと直ちに回答が届き、お願いしたことも実行され、二人とも驚いたことがある。

これらの例はアメリカの良い点、アメリカの民主主義の精神を示しているとも言える。しかし現在の日本では政治家にはそのような意識は完全に欠如している。これは問題である。政治家は選挙で負ければ困るので、選挙運動の時だけ有権者に対して腰を低くし傲慢さなど見せない。頭をぺこぺこ下げ続け、握手をし続けるのが選挙運動である。しかし選挙が終わり当選すればたちまち「先生」と呼ばれる身分になり、威張りくさった態度をとるようになる。公務員の場合には選挙で落選する心配などなく、職も通常保証されているのでこの傾向はさらに強い。被雇用者が威張りくさり支配する社会ではなく、雇用者、つまり一般市民が実質的な支配ができる社会でなければならない。

公僕の意識を持たせる直接民主主義

その一方法は直接民主主義を実行することである。例えば議員、公務員、市町村や区の役職などの収入を二段階方式で有権者が決めれば、お手盛りで勝手に収入を増やし続けることはできなくなる。問題のある人物はただちに国民投票や住民投票の対象にし、署名を集め、規定以上の署名が集まれば投票し、排除賛成の結果になればその人物は無条件に退職させられる。この場合も二段階方式を採用してもよい。選挙になれば負の投票もできるわけである。

福祉社会では社会の弱者は法的には各種の公的な援助に頼ることができる。現在一般的な方法では、市役所なり区役所なりの福祉課などに行き、事情を説明し、各種の書類のいろいろの事項に答え、生活保護の申請などをする。すべてがそうだとは限らないが、運が悪ければ質の悪い職員の不愉快な対応を受け、威張られたりばかにされた口をきかれる。

これは一種の負の自由の侵害である。好き好んで生活保護を求めに福祉課にやってくる者などいない。やむにやまれぬ事情があって来るのである。そのような立場にある人には人間としての最低限度の尊厳を認めた対応をするのが当然である。いばりくさった傲慢な職員には、公務員は公僕であるという再教育をする必要がある。その意識をすべての公務員に植えつけるためにも、直接民主主義が重要な社会が望ましい。

傲慢な職員と接触する必要のない負の所得税

この不愉快な問題は負の所得税の導入で簡単に解決できる。負の所得税を実施すれば、人間として最低限度の生活水準を保って生きてゆくことが自動的に保障される。通常の生活保護とは違い、補助金は毎年の税金申告の時に税務署が自動的に処理する。したがって福祉課の不愉快であるかもしれない職員に威張られたりばかにされることもない。一人の人間として立派に威張って生きてゆける。

現在のような資本主義の社会では、日本でも終身雇用は過去のものとなり、安定して安全に見える職場でも解雇や会社の倒産という危険がある。失業は事務職や管理職にもおこる。社会で中流またはそれ以上の職につき、それ相応の収入のあった人にとっては福祉課などでなんらかの補助金を申請するなどということは自尊心が傷つく出来事である。このような人にとっても、すべてを税金申告で簡単にできるのはすばらしい。

国民参加と住民参加を重要視する社会

国のレベルでも地方のレベルでも我々は多くの課題に直面し、多くの意思決定にせまられている。自衛隊の海外派兵、憲法改正、領土問題、途上国の援助、難民や移民の受け入れなどといった国全体の問題から、原子力発電所の建設、森林内の道路建設、ごみの処理、埋め立て地形成、環境汚染などの地方的な問題、さらには小学校の閉鎖、病院の医療設備、老人介護などといった地域的な問題など、まことに多様である。問題も多様であるし反応も多様である。当然の結果として意見百出となり決断をつけにくい。これは人間心理の多様性のため当然で、これに何とかして対処し、答えをだすのが政治である。

多くの場合、理想的な解決策などありえない可能性が高い。それでも何か結論を出す必要がある場合どうしたらよいであろうか。日本でよく見られる現象はどこかで誰かがすでに結論を出してしまっていて、それをあらゆる手段を用いて強力に推進していくやり方である。黒い金が流れたり、マスメディアが操作されてしまったり、反対意見が無視されてしまったり、などという経過の後、公式に国会なり県議会なり町議会などで儀式的に審議され、可決され、すでに陰で決められていたことが実行される、という仕組みである。

現在の複雑な社会では物事の判断がむずかしくなり、専門的な知識がなければ何ともいえない、どうしたらよいかわからない、という場合が多い。したがって場合によっては国民や住民不在の政治もやむを得ないかもしれない。しかしそれと同時に国民や住民が積極的に参加して意思決定をしなければならない場合もある。自衛隊の海外派兵、憲法改正などという問題は国民参加でなければならない。

しかも憲法改正の是非を問うのであれば二段階方式を採用すべきである。重要な問題を扱うのであれば、国民の何パーセントが賛成であれば憲法を改正してもよい、という明確な指針があって初めて民主的な結論を得ることができる。憲法改正の是非に関する国民投票をし、衆参両院の規定を模倣して国民の三分の二以上が賛成なら賛成と見なすのは望ましくない。ここでは二段階方式を採用すべきである。

つまり一回目の投票では国民の何パーセントが賛成すれば賛成と見なすことができるか、の投票をする。これが仮に七三パーセントであったとする。そして二回目の投票で六七パーセントが賛成したとする。賛成が六七パーセントであれば、衆参両院で三分の二以上という規範からすれば国民は憲法改正に賛成、という結論になる。しかし一回目の国民投票で七三パーセントが賛成でなければ憲法改正に賛成とみなすことができない、という指針がすでに出ているので六七パーセントが賛成なのでは不十分であり国民は憲法改正に賛成していると見なすことはできない、という結論になる。

ここには確かに法的な問題がある。すでに述べたように、日本の憲法を改正するにはどうするかはすでに決められており、これを今になって変更するのはむずかしい。しかし二段階方式は国民の意思をより明確に反映しているのは明らかである。憲法改正をするには衆参両院でそれぞれの三分の二以上の賛成が必要、という決まりは、アメリカでのやり方をそっくりそのまま真似した（または真似させられた）ものである。アメリカでは憲法を改正するには上院と下院のそれぞれで三分の二以上の賛成が必要とされている。この三分の二以上という規定はいい加減に決められた基準であり、これでなければならない、という理論的根拠はまったくない。単に五一パーセント以上が賛成なら改正できる、という場合よりも慎重になっている、というだけである。これに比較すれば、二段階方式ははるかに民主的である。

国内の対立の危険を減少させる社会

人間の心理的多様性を無視すればするほど、そしてある特定の政治を国民に押しつければ押しつけるほど、国民の反発が強くなるという可能性が考えられる。国民のほとんどがもろ手を上げて賛成または反対すればまあまあ民主主義であると言える。しかし単なる五一パーセント賛成の「多数決」では、それに賛成できないまま「多数決」の圧力に押し流されてしまった国民の憤懣や怒りは強い。それほど極端ではない場合でも、多数とは異なった考えをもった国民の立場としては、少数派の意向を無視した政治を実行されれば反発する。これは各種の足切りの場合でも同じことである。

無視された少数派の憤懣と怒りが強ければ、そして「民主主義」の世の中であるのに民主的な政治が行なわれていないと考えれば、実力行使を辞さない結果にもなる。権力者はこのような実力行使者を単に「テロリスト」と呼び、悪者扱いにし、なぜ「テロリスト」たちが現われるようになったのか、それを事前に阻止することはできたのか、阻止するためには何が必要なのか、などということは考えてもみない。

誤解を招かないために明記しておくが、筆者はテロリズムを容認しているのではない。テロリズムの行為は負の自由の侵害であり、本書の観点からすればテロリズムは実行されてはならない。問題は弾圧や禁固刑によってテロリズムに対処するのではなく、テロリズムの思想と行動が発生する理由を理解し、そうならない政治をすることである。

ヨーロッパでは北アイルランド、バスク地方などは完全独立、そうでなければ完全な自治権の獲得が最良の解決策である。北アイルランドの場合には、現実的にはプロテスタントとカトリックの二つの国にするのが本当の解決策かもしれない。イギリスやスペインの政府は単に面子にこだわり、分離や独立はさせてはいけないと主張し続け、不満を力で抑えつけようとする。しかしテロリストの立場からすれば、自分たちの運命を自分たちで決めることができない、すべて外部から操作されていると感じれば、不当な圧力に対決するには暴力しかない、という結論になる。圧政の政策そのものがテロリズムを生み出し、それが永遠の悪循環を続けることになる。

一党独裁の政治は全体主義と言える。しかし二大政党が似たような政治をし、交代を続けて二党で交互に独裁政治をするのも事実上の全体主義である。アメリカもイギリスもその良い例で、二党の独裁政治によって西洋文明の本音である、侵略、植民地化、人種主義を現在に至るまで国外で継続している。

石油を確保するためのイラクの侵略、イラクの占領と支配、イラク社会の根本的な破壊、イラク人市民の虐殺は二一世紀の現在の出来事である。イラク国民の立場からすれば、イラクにはアメリカやイギリスがさかんにお説教をする「民主主義」など存在しない。イラクは占領され破壊された国である。したがって一部の市民が「テロリズム」を実行するのも容易に理解できる。これとまったく同じことがヨルダン側西岸やガザについても言える。

人間の心理の多様性は常に存在する。これはいかなる社会にも普遍的に存在する。これに対処する政治をするには国民の不満をできるだけ少なくすることである。それによってテロリズムなどの極端な行動の危険性を少なくすることが可能になる。それは二段階の選挙、国民投票や住民投票の政治を可能な限り頻繁に実行して本当の民主主義にできるだけ近い政治を実行することである。ここでもう一度スイスの直接民主主義の教訓を思い出していただきたい。

各個人が責任をもつ社会

現在の「民主主義」の社会では、ほとんどの場合職業的な政治家や公務員が国と地方自治体の毎日の政治を実行している。仕事を持っている一般市民が政治をするのは時間的に無理でありそれだけの知識もないであろうから、政治は専門家に委任したほうがよい。しかしこれは政治のすべてを完全にお任せすることではない。可能な限り直接民主主義を実行し、国民投票や住民投票をすれば一般市民の政治に参加している意識も向上する。この効果は負の投票やリコールの投票の場合には特に顕著であるはずである。自分の気に入らない政治家、汚職をしても平気な顔をしている政治家を政治から追い出すことに成功すれば満足感も得られる。

しかし政治に積極的に参加することは同時にそれ相応の責任をもつことも意味する。政治がおかしくなった場合、経済政策が失敗した場合、それがすべて政治家の責任でない場合には自らの失敗を認めることにもなる。スウェーデンでしばしば見られる現象は、政治家またはなんらかの形で意思決定をしたと考えられている人物が脅迫されることである。どこの国でも政治家は常に暗殺の危険にさらされて生きている。政治家とは命がけの商売である。

これは世間一般の認識では、一般市民は政治家にすべてを委任してしまい、有権者は政治の結果には責任がなく、政治家のみがすべての責任を負うべきだ、と考えているためである。国民が積極的に政治に参加し、意思決定の一部は自分たちにも責任があるという意識をもつようになれば、政治家のみを非難し、攻撃し、生卵をぶつけたり、脅迫状を送ったり、暗殺したり、といった現象を少なくすることが可能になる。もちろん政治家たちの意識も改革されなければならない。お前たちのために政治をしてやるんだ、文句を言うな、という傲慢な態度では反感も買う。日本の政治家は「自分たちは被雇用者で雇用者である有権者の公僕である」という意識を持つ必要がある。

一部の有権者は法的には有権者であっても政治のことはよく理解できず、どう投票したらよいかわからない、ということもありうる。高齢者の場合には毎日の社会の変化についてゆけず、その危険性がある。その場合にはその本人が信頼する者に全権委任をする方法も考えられる。その選択にはいろいろありうるが、要は本人の考えること、希望することをよく理解している人物を選べばよい。これには当然公式の法的な手続きが必要である。

各個人を重要視する社会の問題点

以上本書で述べられた政治方式は極楽の世界をつくるものでもなければ地上に楽園を保証するものでもない。見方によっては苛酷で残酷な人間という霊長類の動物がいかにして苦労を少なくして社会を形成し、一緒に生きてゆけばよいかという非常に現実的な問題を扱ったものである。どのような政治方式を選ぶにしても問題は発生する。本書の提案にも問題点が存在するのは当然すぎるくらい当然である。

本書の提案では一般市民が有権者として政治にできるだけ大きな影響を及ぼすことが鍵となっている。通常の「民主主義」に比べて、一般市民の影響力ははるかに大きくなる。これは長所でもあり短所でもある。長所は多数の人間が政治に参加すれば、人間の心理的多様性を政治に反映させる可能性が高くなることである。多くの異なった考えが持ち出され、場合によっては極端な考えも現われる。

心理的多様性が政治に反映すればするほど意思決定にいたる時間がかかり、場合によってはそれが非常に困難になる危険もある。しかしこれも見方次第であるとも言える。心理的多様性を政治に反映させるのが本当の民主主義であると考えれば、意思決定にいたるのに時間がかかるのは当然であり、考えようによっては喜ばしいことである。スイスでは政治に時間がかかるのは当然と見なされている。この態度があることによってこそ直接民主主義が可能になる。

世論操作の危険性

それと同時にそれよりはるかに危険な問題も存在する。一般市民の考えが重要になるのであれば、政治家なり政治思想家なりがある特定の結論を目標とし、世論がそうなるのを期待したければ、マスメディアを操作すればよい。国内政治の裏側や外国との裏取引など知らない一般市民はマスメディアからの情報を信じてしまう。しかもさらに恐ろしいことはマスメディアは一般市民に伝えなければならない情報でも意図的に伝達せず、沈黙していることが可能である点である。したがって一般市民がマスメディアから受ける情報はかたよったものになる。

これよりさらに恐るべき事は、一般市民は、自分たちの知識がマスメディアの操作のためにかたよっていることにさえ気がつかない、という点である。自分たちは世の中のことを客観的にくわしく知っていると考えてしまう。このような人たちが政治に参加し、国民投票なり住民投票などすれば、実際には結果もかたよったものになってしまう。これでは少しも民主的ではない。

もし世論の操作が意図的であり、ある人物なり団体なり組織なりが裏で操作しているのであれば、その思うつぼである。日本のマスメディアが現実には少数の企業グループによって支配されているのは周知の事実である。したがって日本の世論を操作したければこれらの企業グループを操作すればよい。事実それが現実に指摘されている。これは日本だけの問題ではない。イタリアの問題はよく知られている。そして世界ではごく限られた少数の人間が西洋文明のマスメディアを支配しているとさえ言われている。本書に述べられている政治方式を実行する前に、この問題を真剣に考える必要がある。

もちろん政治が陰の力によって操作される危険性は、政治家だけによる国民不在の政治でも常に存在する。しかし国民が積極的に政治に参加し、陰の力によって世論が操作されていてもそれに気がつかなければ、あたかも自分たちが本当に政治をしていると信じてしまう。これは大変な危険である。すこしも民主主義でない黒幕政治を「自分たちが行っている民主主義」であると信じてしまう。

インターネットの可能性

この問題を多少軽減することができるかもしれない技術的進歩が近年現われた。インターネットである。現在ではインターネット上に世界中のどこからでも、誰でも情報を書きこみ、それを世界中のどこでも誰でも読むことが可能になった。しかも先進国、途上国などといった不自然な分類に関係なく、世界中の人間がインターネットで情報を交換する時代に近づきつつある。

もちろん中国のようにインターネット上での情報伝達を阻止してしまう国があるのも事実である。書かれていることのほとんどは情報として価値のないことであったり、一方的で誤解をまねいたり、さらにはまったくの虚偽の内容であるのも事実である。幼稚な個人攻撃も当たり前のように見られる。書き方も下品で教養のない書きこみにも驚かされる。これは文化や言語に関係なく世界的に見られる現象である。

インターネットについてこれだけ消極的な描写をしても、それでもその存在意義を積極的に評価する必要もある。それはこれまで意見を表明する手段がなかった無力な一個人でも、世界に向かって考えること、言いたいことを表明できるという点である。これは人類の歴史上初めてのことであり、これだけは高く評価しなければならない。迷惑メールだらけのインターネットの世界にも時折重要な情報が隠されている。

インターネットは最初スイスで研究者の間で専門的なデータを交換するために始められた。その時点ではインターネットが現在のような成長ぶりを示すとは誰も予測できなかったそうである。現在の時点でさえもインターネットが今後人類にどのような影響を及ぼすのか、専門家の間でも意見が一致していない。それでも一つだけ言えることがある。それは事実上世界の人間のすべてであると言ってよい、無力な個人たちがお互いに情報を交換できる手段が存在することで、これは強力で支配的なマスメディアに対抗する手段になり得る、という可能性である。これは大変重要なことであり、画期的であると言える。要は我々がこの可能性をどれだけ役立てるかという点であろう。

ビジネスの世界を見習ってもらいたい政治の世界

本書でこれまで述べられたことは原則的に一つの国の中での問題だけを扱ってきた。考えようによってはそれだけでも非現実的であるかもしれない。しかし筆者としてはこのような考え方もできる、現在の社会と政治に不満を感じているならぜひ一考していただきたい、と主張するのが目的である。同じような考え方を世界にまで広げるのはさらに非現実的かもしれないが、本書の最後に筆者の考えをごく簡単に述べてみたい。

世の中には、世界に本当の平和をもたらすには世界をいわば一つの国にしてしまい、それをたった一つの政府が支配すればよい、といったような主張をする人たちが存在する。しかし筆者はそのような考え方に真っ向から反対する。本書では人間は生物の種であるという前提のもとに**（前提2）**人間の多様性を積極的に評価しそれを保持しなければならない、という主張をする**（主張1）**。世界を事実上一つの国にしてしまうのは、人類の悲劇であり、人類の終焉である。これは生物的、心理的、文化的多様性すべての観点から長々と議論できるが、それは本書の目的ではなく、あまりにも長くなるのでここでは述べない。

筆者は、人類はそれと正反対の方向に向かったほうがよいと主張する。筆者の考える望ましい世界とは人類の多様性を保持する世界である。したがってアメリカや中国のような大国は多くの小国に分割されればよい。それぞれの小国は完全に独立し、宗教、言語、民族、人種など多くの点で均一である。ヨーロッパ連合は解体され、ヨーロッパ連合成立以前の国々だけとなり、それぞれの国は独立して自らの社会を管理する。ベルギーやスペインのような国内で多様性のために問題をもっている国では均一な単位の国々をつくり、それぞれの独立を認める。これが筆者の考える望ましい世界である。

ビジネスの世界ではある特定の企業が市場を独占したり、またはそれに非常に近い状態になることは禁止されている。同業者がカルテルを組むことも禁止されている。しかし驚くべきことには市場独占と事実上まったく同じことが国際政治の世界で実行されている。アメリカが世界の政治を独占的に支配しても、それを禁止する法律など存在しない。

アメリカとヨーロッパ連合は政治的カルテルを組み、世界に向かって少しも民主主義ではない「民主主義」をお説教し、それに耳を傾けない国は次々と侵略する。日本もこのカルテルに引きずりこまれ、「国際平和に貢献」するために「国際社会の一員」として海外派兵をする。人間はビジネスの世界では文明化されているが、国際政治の世界ではそれ以前の野蛮人の状態である。

国際関係とは暴力団の抗争の世界である。ビジネスの世界と政治の世界を混同するのはばかげているると思われるかもしれない。しかしこれは動物学的に考えると同じである。

役に立たない国連

国連のような世界的組織は存在してもよい。しかし現在の国連は西洋文明の価値観にしたがったものである。そのような価値観を世界に強制する国連は好ましくない。国際的組織を結成するのであれば、まったく新しい原則にもとづいた組織でなければならない。現在の国連の安保理常任理事国なるものは、第二次世界大戦の戦勝国だけからなるかたよった構成であるので望ましくない。そして何よりもすべての国は平等でなければならない。

戦後処理に国連が介入する場合でも、「戦争犯罪」、「平和に対する罪」、「人道に対する罪」などというのは適用がかたよっている。かたよった戦争犯罪の判断は第二次世界大戦後の日本とドイツはもちろん、ユーゴスラビア崩壊後の戦争についても見られる現象である。イスラエルが明らかにこのような犯罪を犯しても、そして犯し続けても、いつも免除されてしまう、というかたよった世の中である。

役に立たない国際法

世界の紛争に対処するために、一応「国際法」なるものがある。しかし「国際法」とは言っても実際には「法」とは言えないお粗末なもので、役に立たない。結局は大国が自己の主張を押しとおすのを、「国際法」などという表現を用いてエゴイズムをもっともらしく隠蔽してしまう役にしか立っていない。西洋諸国は「国際社会」という表現も用いる。これはあたかも世界の国々が一致した意見をもち、これが世界の世論なのだからそれに従わないのはいけない、「悪い」国は罰せられるべきだ、という議論である。しかし世界の意見は多様である。世界共通の世論など存在しない。「国際社会」の主張なるものの内容は西洋文明のエゴイズムそのものであり、それを表にだせないために「国際社会」なる表現を用い、あたかも世界の国々すべてがそのように考えているように主張する。これにだまされてはいけない。

人間は多様であるので、意見や解釈の相違、議論、口論、睨み合いなどは、常に発生している。これは我々の日常生活を見れば簡単に理解できる。家族、親族、近隣などで問題がおこるのはめずらしくない。民間企業の間、国や官公庁と民間企業の間でも常に問題が起こる。これが人間社会の現実である。

これらの問題に対処するために、民法、刑法、商法などという法律がある。法律というものは社会の誰もが満足できる、という性質のものではない。不満でもそれに従うのが文明というものであり、不満があるたびに実力行使をしてはならない。例えば二つの会社が特許権の侵害などで裁判になり、判決が決定すればどちらの会社もそれを受け入れるのが常識である。一方、または両方の会社が上訴をしても、最終判決が決まり、それ以上上訴ができない段階に至ればそれで会社の間の争いは終わりとなる。

商法のレベルまで質が向上しなければならない国際法

民間企業は常に訴訟したりされたりする危険性に面して商売をしている、と言ってもそれほど間違っていない。そのために商法、特に会社関係の法律はくわしく定められていて、問題が起こった場合、比較的明確な回答がでるように決められている。その意味では、あらゆる法律のなかで商法が最も進歩している。会社内、または二つの会社の間で問題が発生した場合にはまず会社の顧問弁護士がその問題をくわしく調べ、かなり明確な判断を示す。それにしたがって会社の幹部は適切な対応をすることができる。

したがって現実にはその問題が訴訟にまで持ちこまれることはあまりない。商法が細かく規定され、それが具体的にどうであるのか明確であるため、会社は自分たちの立場を押しとおすために暴力を用いる必要はない。会社が暴力団やマフィアに助けを依頼することもたまにはあるが、立派な会社はそのようなことはしない。対立する二つの会社の社員が総出で殴り合いを始める、などということはまず考えられない。

しかしこれが国際関係の現実である。国際法などというものが名ばかりで役に立たない法律であれば、対立する二つの国は軍事力を用いて自らの主張を押し通すことをする。世界の大国は常に軍事力を持ち出して自らの正当性を主張する。これでは世界の平和など望めない。しかしここには教訓がある。世界の紛争を避けるのであれば、「国際法」を役に立つ本当の法律とし、問題が起こったら直ちに参照できる性質のものとすればよい。商法をそっくりそのまま国際法にはできない。しかし細かい具体的な規定のある国際法が存在すれば、多くの不必要な紛争、そしてなによりも不必要な兵士と民間人の死傷を回避することができる。

あとがき

現在の世界で政治思想について語る場合、近代西洋文明の思想史の中から発生した多くの概念が用いられる。これらの概念とは「左派」と「右派」または「左翼」と「右翼」、社会主義、共産主義、無政府主義、サンディカリズム、自由主義またはリベラリズム、民主主義、社会民主主義などといったもので、終局的にはすべて啓蒙思想の産物である。これは当然のことながら現代西洋文明では毎日のようにマスメディアでとりあげられる。そして西洋文明が圧倒的な支配を誇る今日の世界では日本はもちろんのこと、日本以外のアジアの国々、アフリカ、南・北・中央アメリカでもこの西洋式の政治感覚にもとづく政治分析が支配的である。

筆者はこの傾向には批判的である。その理由はすでに本文に述べてあるので、ここでは繰り返さない。にもかかわらず、筆者は本当の意味の民主主義を支持する。それは政治家や政治学者が口にする「民主主義」ではなく、直接民主主義を中心に据えた、一般大衆が決めて一般大衆が支配する民主主義である。この筆者の考えは西洋文明の啓蒙思想に出発する民主主義なのではなく、人間を動物の種であると意図的に意識する生物学的な考え方、そしてこれから導き出される多様性の現実を認めなければならない、とする観点からたどり着いた政治思想である。

このような観点から述べられる政治思想はほとんどない。したがって生物学的な政治学や政治思想にもとづいた政治と政策の用語もほとんどない。その場合には新語を造成することも考えられ、新語ばかりで本書を書くことも可能ではあるが、それでは不可解な本になってしまう可能性が高い。そのために本書ではすでに存在し、ある程度意味が理解されている政治用語を用いた。「民主主義」というのもその一つである。

右記の理由により、筆者は民主主義が人類にとって社会を形成するのに唯一で最良の方法であると狂信的に信じているわけではない。文化を構築するには数多くの方法が考えられる。したがってある特定の文化にもとづいた社会を形成するのにも数多くの方法がある。民主主義は動物学的観点から考えて好ましい方式の一つであるが他にも可能性がないわけではない。

二一世紀はじめの時点で人類の将来についてあれこれと推測するのはむずかしい。**仮定3**で述べたように、人間は遅かれ早かれ遺伝子工学的に操作されてしまうのかもしれないし、それを実行するのが誰であるのかも分からない。ある特定の政治思想を狂信的に信じる独裁者であるのかもしれないし、特定の思想に洗脳されてしまった大衆が「民主主義」の名の下に要求し実行するのかもしれない。オーストリア学派の経済学者が主張するように、人間は長期的な予想をしたり計画をたてることはできないのかもしれない。これらの点にも留意して本書を読み終えてくださればば筆者として幸いである。

引用ならびに参考文献

藤村信『ユーラシア諸民族群島』岩波書店、一九九三年。

北原惇『黄色に描かれる西洋人』花伝社、二〇〇七年。

Ahnborg, Sara, “Motstånd mot EU,” *Göteborgs-Posten*, 3 juni, 2006, Del 1, pp.26-7.

Allen, Jodie T., “Negative Income Tax,” in David R. Henderson, ed., *The Fortune Encyclopedia of Economics*, New York: Warner Books, 1993, pp. 333-337.

Bell, Daniel, “On Meritocracy and Equality,” *The Public Interest*, No.29, Fall, 1972, pp. 29-68.

Berlin, Brent, and Paul Kay, *Basic Color Terms*, Berkeley: University of California Press, 1969.

Berlin, Isaiah, *Four Essays on Liberty*, London: Oxford University Press, 1969.〔アイザィア・バーリン『自由論』、小川晃一他訳、みすず書房、一九七九年〕

Conzemius, Victor, ed., *Briefwechsel Philipp Anton von Segesser (1817-1888)*, Zurich & Fribourg, 1983-95, Vol. 1, p.494.

Friedman, Milton, *Capitalism and Freedom*, Chicago: University of Chicago Press, 1962.〔ミルトン・フリードマン『資本主義と自由』、熊谷・西山・白井共訳、マグロウヒル好学社、一九七五年〕

Galbraith, John Kenneth, *The New Industrial State*, New York: Mentor Books, 1967.〔ジョン・K・ガルブレイス『新しい産業国家』斎藤精一郎訳、講談社文庫、一九八四年〕

Göteborgs-Posten, “Fakta: Europeisk Problematik,” *Göteborgs-Posten*, 19 juni, 2009, p.18.

Hayek, Friedrich A., *The Constitution of Liberty*, Chicago: University of Chicago Press, 1960.〔ハイエク『自由の条件1　自由の価値』気賀健三・古賀勝次郎訳、〈ハイエク全集第一期第五巻〉春秋社、二〇〇七年〕

Kitahara, Michio, *The Tragedy of Evolution*, New York: Praeger, 1991.

Kitahara, Michio, *The Entangled Civilization*, Lanham & New York: University Press of America, 1995.

Paine, S. C. M., *The Sino-Japanese War of 1894-1895*, Cambridge: Cambridge University Press, 2003.

Schoeck, Helmut, *Envy*, Indianapolis: Liberty Press, 1987.

Steinberg, Jonathan, *Why Switzerland?*, 2nd ed., Cambridge: Cambridge University Press, 1996.

文献解説

第1章

生物界の基準と逸脱の現象については Kitahara (1991, Chapter 5) を参照されたい。

第2章

正と負の自由に関する基本文献は Berlin (1969) であるが Hayek (1960, p.425, note 26) と Kitahara (1995, Chapter 4) も参考にしていただきたい。

第3章

三種類の平等については Bell (1972) を参照されたい。

第4章

ソ連の職種による収入格差については Schoeck (1987, p.259) からの引用である。

日清戦争の時の日本と清国の捕虜に対する態度の違いは多くの文献が引用されている Paine (2003, pp.172-7) を参照されたい。ペインによれば中国軍が日本兵捕虜の斬首をしたのは捕虜に食事を与えるだけの余裕がなかったこと、そして首を持ち込めば金銭の支払いを受けることができたためである。清時代の刑罰とは拷問そのもので、尋問の場合に虐待をすることは当然とされていた。『ニューヨークタイムズ』はスパイの疑いをもたれた日本人が中国軍からどのような扱いを受けたかを一八九四年の一一月二八日と二九日の二つの記事にくわしく記している。それによると捕虜は鎖の上にひざまずかされ、中国兵はその足の上にのった。爪は引き抜かれ、舌はつぶされ、手錠をはめられた手の上に熱湯をかけられ、睾丸はつぶされ、これらの虐待で死亡する直前に斬首された、とある。

ヨーロッパ連合の実態については Ahnborg (2006) からの引用である。

第5章

人類の歴史で色の用語がどのように発達したかについては Berlin and Kay (1996) が文献である。人種主義を実行するのに色の用語を用いる理由については北原（二〇〇七年）をご覧いただきたい。ガルブレイスの考えは Galbraith (1967, pp.212-13) に述べられている。

第7章

「負の所得税」については Friedman (1962, Chapter 11) と Allen (1993) をご覧頂きたい。

第8章

表面的な紹介ではなく、スイスの実情を内側からくわしく書いているのは Steinberg (1996) で、この本を最初から最後まで読むことによってスイスについて深く学ぶことができる。ツーグのカントンについての詳細も同書（pp.79-80）からの引用である。フォン・セグセルの発言は Conzemius (1983-95, p.494) からの引用である。第二次カッペル戦争の時に同じ鍋の食べ物を分け合った話はチューリッヒ在住のリチャード・デーラー博士から教えていただいた（二〇〇九年六月二七日付の電子メール）。
スターリニズムの政策についてよく書かれているのは藤村（一九九三年）である。

第9章

ヨーロッパで問題になっているブルカの件はGöteborgs-Posten (2009) からの引用である。

北原　惇（きたはら じゅん）

本名は北原順男（きたはら みちお）。

1937年生まれ。横浜市出身。武蔵高校卒。1961年モンタナ大学(米国モンタナ州ミズーラ市)卒(社会学と人類学の二専攻)。1968年ウプサラ大学(スウェーデン)修士課程修了(社会学専攻)。1971年ウプサラ大学博士課程修了(社会心理学専攻)。同年哲学博士号を受ける。メリーランド大学、ミシガン大学、サンフランシスコ大学、ニューヨーク州立大学(バッファロ)などでの教職、研究職を経て1997年までノーデンフェルト・インスティテュート(スウェーデン・イエテボリ市)所長。

マーキーズ・フーズフーその他海外約20のフーズフーに経歴収載。英語の著書は Children of the Sun (Macmillan, 1989), The Tragedy of Evolution (Praeger, 1991), The Entangled Civilization (University Press of America, 1995), The African Revenge (Phoenix Archives, 2003) など。日本語の著書は『なぜ太平洋戦争になったのか』(TBSブリタニカ、2001年)、『幼児化する日本人』(リベルタ出版、2005年)、『生き馬の目を抜く西洋文明』(実践社、2006年)、『ロック文化が西洋を滅ぼす』(花伝社、2007年)、『黄色に描かれる西洋人』(花伝社、2007年)、『現代音楽と現代美術にいたる歴史』(花伝社、2009年)。

ホームページURLはhttp://indimani.ifrance.com

脱西洋の民主主義へ――多様性・負の自由・直接民主主義

2009年11月20日　初版第1刷発行

著者　北原　惇
発行者　平田　勝
発行　花伝社
発売　共栄書房
〒101-0065　東京都千代田区西神田2-7-6 川合ビル
電話　03-3263-3813
FAX　03-3239-8272
E-mail　kadensha@muf.biglobe.ne.jp
URL　http://kadensha.net
振替　00140-6-59661
装幀　佐々木正見
組版　編集工房インデックス
印刷・製本　中央精版印刷株式会社

ISBN978-4-7634-0558-6 C0036

花伝社　北原惇の本

ロック文化が西洋を滅ぼす
――脳科学から見た文明論

北原惇　　定価（本体 1600 円＋税）

●西洋はなぜ滅びるのか？
いじめ、落書き、暴力犯罪、騒音公害、麻薬、性の乱脈、礼儀知らずなどがなぜ日本でもあたりまえになってしまったのか……。西洋の社会問題は西洋の文化圏に組み込まれてしまった日本の社会問題である。ユニークな「脳科学の知見にもとづく文明論」。
◆推薦　二木宏明 東大名誉教授◆
著者の問題意識がひしひしと伝わってくる。読ませる本である。一読をお薦めする――。（心理学者・脳科学者）

黄色に描かれる西洋人
――思想史としての西洋の人種主義

北原惇　　定価（本体 1600 円＋税）

●破綻する「白人」思想
人種主義から考察する現代文明論。自らを「白人」と呼ぶ西洋の人種主義は侵略と植民地化を正当化するエゴイズム。人種をドグマ的に色で表現する西洋の人種主義に変化が現われ始めた。だが西洋という強者と同一視する心理によって西洋文明を受け入れてしまった日本では、西洋の人種主義を何の疑問もなく信じている。「新しい歴史教科書」にもそのことが端的に現れている……。

現代音楽と現代美術にいたる歴史
――動物学と脳科学から見た芸術論

北原惇　　定価（本体 2000 円＋税）

●脳科学と動物学の成果にもとづいて、今日にいたる芸術の歴史をつらぬく原理を解明
終始不可解な音の連続で美しさも楽しさも感じられない音楽、何を表現しているのか理解できない絵画、ゴミとしか見えない作品……。

なぜ現代芸術は美的体験からほど遠くなってしまったのか？
◆推薦　二木宏明 東大名誉教授◆
動物行動学と脳科学の知見を踏まえたユニークな切り口からの芸術論。前著『ロック文化が西洋を滅ぼす』同様、読ませる本である。（心理学者・脳科学者）